Vera Peiffer

Wie man optimistisch bleibt, wenn...

Vera Peiffer

WIE MAN OPTIMISTISCH BLEIBT, WENN...

Strategien gegen Streß und Selbstmitleid

AURUM VERLAG · BRAUNSCHWEIG

Die englische Originalausgabe erschien 1990 unter dem Titel
„Strategies of Optimism" im Verlag Element Books Ltd.,
Longmead, Shaftesbury, Dorset.

Ins Deutsche übersetzt von Christine Bendner.
Titelfoto:
„Breaking Point" von Al Francekevich/Bavaria Bildagentur

Die Deutsche Bibliothek – CIP-Einheitsaufnahme

Peiffer, Vera:
Wie man optimistisch bleibt, wenn . . . : Strategien gegen Stress
und Selbstmitleid / Vera Peiffer. [Übers.: Christine Bender]. –
Braunschweig : Aurum Verl., 1992
Einheitssacht.: Strategies of optimism <dt.>
ISBN 3-591-08309-7

1992
ISBN 3-591-08309-7
Umschlaggestaltung: Sabine Schönauer-Kornek
Gesamtherstellung: Chemnitzer Verlag und Druck GmbH, Zwickau

INHALT

von Pessimisten umgeben ist 107 · Wie man Herr
über seine Gefühle und sich selbst wird 109

Für Vivien van Hoof

Die Menschen machen immer ihre Umstände für das verantwortlich, was aus ihnen geworden ist. Ich glaube nicht an Umstände. Diejenigen, die in dieser Welt weiterkommen, sind Menschen, die aufstehen und nach den Umständen, die sie wünschen, Ausschau halten. Und wenn sie sie nicht finden, dann schaffen sie sich ihre Umstände selbst.

G. B. Shaw
Mrs. Warren's Profession

TEIL I

1

SIND WIR FREI, ODER IST UNSER SCHICKSAL VORBESTIMMT?

In den frühen Morgenstunden des 9. Januar 1800 wurde der Gerber des kleinen südfranzösischen Dorfes Saint-Sernin durch seltsame Geräusche, die aus seinem terrassenförmig angelegten Garten kamen, aus dem Schlaf geschreckt. Es war noch ziemlich dunkel, so daß er, als er durch die Gardinen nach draußen spähte, nur undeutlich eine Gestalt wahrnahm, die sich in einem seiner Gemüsebeete zu schaffen machte. Der Gerber beschloß, der Sache auf den Grund zu gehen, zog seine Kleider über und begab sich in den Garten. Vorsichtig stahl er sich an den Eindringling heran, der so damit beschäftigt war, Gemüse aus der Erde zu reißen, daß der Gerber ihn kampflos überwältigen konnte. Überrascht stellte er fest, daß es sich bei dem Dieb um einen Jungen handelte, klein von Wuchs und nackt bis auf ein Hemd, das in Fetzen von seinem unterernährten Körper herabhing. Der Junge konnte nicht sprechen und stieß nur ab und zu seltsame, unartikulierte Laute aus. Obwohl er aufrecht ging und sein Körper zweifellos der eines Menschen war, ließen ihn seine Bewegungen und Gesten, ja sein ganzes Verhalten mehr wie ein Tier erscheinen. Die Entdeckung und Gefangennahme von Victor, wie der Junge später genannt wurde, bescherte dem kleinen, stillen Dorf Saint-Sernin eine plötzliche Sensation. Es sprach sich schnell herum, daß man einen Jungen gefangen hatte, der aussah, als hätte er jahrelang in der Wildnis gelebt. Zum Zeitpunkt seines Auftauchens war Victor etwa zwölf Jahre alt. Sein Körper war von Narben übersät, und sein Verhalten war tatsächlich das eines Tieres. Er reagierte völlig gleichgültig auf Hitze oder Kälte, war sich seiner selbst als Person nicht bewußt und verrichtete seine Notdurft, wo er ging und stand. Auch rührte er niemals einen Bissen an, bevor er nicht zuvor das Essen gründlich beschnuppert hatte. Er

11

konnte ausgezeichnet klettern und aß am liebsten Wurzeln und wilde Beeren. Als man ihm eine Auswahl von Fleisch, Brot, Äpfeln, Birnen, Trauben, Kartoffeln und Pastinaken vorsetzte, pickte er sich die Kartoffeln heraus, die etwas Bekanntes für ihn zu sein schienen, und stieß sie ins Feuer. Später sammelte er die noch halb rohen Kartoffeln mit bloßen Händen aus den glühenden Kohlen und begann, sie zum Entsetzen der Umstehenden glühend heiß hinunterzuschlingen. Es war unmöglich, ihn zu überreden, zu warten, bis sie abgekühlt waren. Immer wenn etwas von seinen Mahlzeiten übrigblieb, vergrub Victor die Reste im Garten, wie ein Tier, das Nahrung für einen späteren Zeitpunkt horten will.

Die sensationelle Entdeckung des »wilden Jungen von Aveyron« wurde bald zu einer Angelegenheit von nationaler Bedeutung. Die Nachricht verbreitete sich bis ins ferne Paris, wo Jean Itard, ein junger Arzt am Institut für Taubstumme, auf Victor aufmerksam wurde. Fünf Jahre lang arbeitete Itard mit dem Jungen, um zu beweisen, daß Victors Geist erweckt werden konnte; daß er kein Idiot war, sondern nur in seiner Entwicklung zurückgeblieben, weil er so lange von der menschlichen Gesellschaft abgeschnitten gewesen war.

Jean Itards Engagement in bezug auf Victors Entwicklung war allerdings nur teilweise von Mitgefühl für das unglückselige Kind bestimmt. Victors Sozialisation und Menschwerdung war auch deshalb wünschenswert, weil sie Itard helfen würde, seinen Standpunkt in einer wissenschaftlichen Kontroverse zu untermauern: daß Victor nicht aufgrund einer angeborenen Geistesschwäche asozial war, sondern weil er während seiner Jahre in der Wildnis kein menschliches Umfeld gehabt hatte. Und Itard war der Meinung, daß der Mensch nicht »geboren«, sondern »gemacht« wird. Er glaubte, daß wir mit leeren Köpfen auf die Welt kommen und mehr von unserer Umwelt geformt werden, als von unserer genetischen Erbmasse oder unserer Persönlichkeit. Victors Entdeckung bot Itard eine Gelegenheit, die Richtigkeit seiner These unter Beweis zu stellen. Falls es ihm gelänge, Victor so zu erziehen, daß er sich wie ein normales menschliches Wesen benahm, könnte er seine Kontrahenten zum Schweigen bringen, die behaupteten, »wilde« Kinder seien nicht deshalb geistig zurückgeblieben, *weil* sie in der

Wildnis ausgesetzt wurden, sondern sie seien von Geburt an geistesschwach und würden aus diesem Grund von ihren Eltern ausgesetzt. Während Itards fünf Jahre dauernden Trainingsprogramms machte Victor beträchtliche Fortschritte. Obwohl er nie lernte, mehr als ein paar Worte zu sprechen, lernte er lesen und konnte einfache Gedanken schriftlich ausdrücken. Sein Gefühlsleben wurde differenzierter, und er zeigte echte Zuneigung für Itard und dessen Haushälterin, Madame Guérin, die zur Ersatzmutter für den Jungen wurde. Victor lernte auch, unterschiedliche Temperaturen zu beachten, begann warme Bäder zu genießen und hörte auf, Kartoffeln halbroh zu verschlingen. Nach anfänglichen, ermutigenden Fortschritten kam Victors Entwicklung jedoch zum Stillstand. Obwohl er hören konnte, erwies sich seine Unfähigkeit, richtig sprechen zu lernen, als Haupthindernis für seine weitere Erziehung. Außerdem wurde seine emotionale Entwicklung durch seine gewalttätigen, unbefriedigten sexuellen Wünsche und die Unmöglichkeit, sie auf ein befriedigendes Ziel hin zu lenken, blockiert. Und doch hatte Itard an dem Jungen ein Wunder vollbracht, betrachtete man Victors ursprünglichen Zustand. Wer hatte also recht – Itard oder seine Kontrahenten? War Victor zurückgeblieben, weil er von der menschlichen Gesellschaft ausgeschlossen gewesen war, oder war er schon geistig behindert zur Welt gekommen?

Obwohl Victors Fall vom Zeitpunkt seiner Entdeckung an genauestens dokumentiert ist, ist es schwierig, das Ergebnis seiner Entwicklung richtig einzuschätzen, denn über die ersten Jahre seiner Kindheit ist nichts bekannt. Es gibt Hinweise darauf, daß Victor zum Zeitpunkt seiner Entdeckung im Alter von etwa zwölf Jahren bereits fünf oder sechs Jahre in der Wildnis gelebt hatte, aber wo er die Zeit davor verbrachte, bleibt ein Geheimnis. Es ist daher unmöglich zu sagen, mit welchen geistigen Fähigkeiten er geboren wurde.

Es gibt noch viele andere Fälle von Kindern, die in nahezu totaler Isolation aufwuchsen; jahrelang in dunklen Räumen gefangen, vor der Außenwelt verborgen, weil sie unehelich oder unerwünscht waren.

Alle diese Kinder hatten nur ein Minimum an mitmenschlichem Kontakt. Wenn ihre tragischen Schicksale ans Licht kommen und sie endlich aus ihren Verliesen befreit werden, zeigt sich ohne Ausnahme, daß ihre geistige und physische Entwicklung beträchtlich gelitten hat. Sie wirken oft viel jünger, als sie tatsächlich sind, denn ihre körperliche Reife wurde entweder durch einen Mangel an Nahrung oder durch die Unfähigkeit, ihre Nahrung unter den schrecklichen, einschränkenden Bedingungen richtig zu verwerten, verzögert. Viele dieser Kinder lernen niemals laufen, und ihre geistige Entwicklung ist stark zurückgeblieben. Auch lernen sie normalerweise nicht sprechen und haben große Schwierigkeiten, mit anderen Menschen in Beziehung zu treten.

In manchen Fällen wurden Kinder sogar für wissenschaftliche Zwecke in Isolation gehalten. Friedrich der Zweite, Herrscher des Heiligen Römischen Reiches, experimentierte mit Neugeborenen. Die Kinderfrauen hatten strikte Anweisung, die Kinder nur gut zu nähren, sie aber weder zu streicheln oder zu liebkosen noch mit ihnen zu sprechen. Indem er die Kinder so zwang, ohne Sprachmodell auszukommen, hoffte der Kaiser, die älteste Sprache der Menschheit zu entdecken, die die Kinder – so seine Überzeugung – nach einiger Zeit benutzen würden. Das Experiment schlug fehl: Alle Kinder starben. Die rein physische Anwesenheit der Kinderschwestern hatte nicht ausgereicht, um sie am Leben zu erhalten. Der Mangel an emotionaler Zuwendung verhinderte nicht nur eine normale geistige Entwicklung, sondern machte sogar das physische Überleben unmöglich.

Die Entwicklung eines Menschen hängt also von einer unterstützenden Umgebung ab, die die ersten Manifestationen des geistigen Wachstums fördert, aber die biologische Struktur ist ebenfalls ein sehr wichtiger Faktor in der menschlichen Entwicklung. Unser genetisches Muster und ererbte biologische Eigenschaften können mitbestimmen, wie weit wir uns entwickkeln werden.

Unbehandelte Kurzsichtigkeit kann ebenso wie ein nicht entdeckter Hörschaden die geistige Entwicklung behindern. Ein schüchternes, schwaches Kind hat vielleicht große Schwierigkeiten an einer Schule, wo sportliche Leistungen das Wichtigste sind. Dies kann dazu führen, daß das Kind jegliches Selbstvertrauen verliert und sich von anderen zurückzieht.

Es geht im Grunde gar nicht um die Frage, ob wir durch unser soziales Umfeld *oder* durch unsere Erbfaktoren zu dem werden, was wir sind; letztendlich wird unsere Entwicklung durch ein Zusammenwirken *beider* Aspekte bestimmt. Wir werden mit einer bestimmten Veranlagung geboren, mit bestimmten persönlichen Merkmalen und einem einzigartigen genetischen Muster. Am Anfang unseres Lebens sind wir völlig von unserer unmittelbaren Umgebung abhängig. Wir müssen uns darauf verlassen, daß unsere Eltern uns nähren und schützen, uns versorgen und pflegen. Unser Leben wird bestimmt durch das, was unsere Eltern denken und glauben, was sie als richtig oder falsch ansehen. Während wir heranwachsen, vervielfältigen sich die Einflüsse, denen wir durch unsere Umwelt ausgesetzt sind.

Wir werden mit neuen Situationen konfrontiert, die sich von der, die wir innerhalb unserer Familie kennengelernt haben, unterscheiden. Wir kommen in die Schule, die Lehrer stellen neue Forderungen an uns, wir müssen lernen, uns in eine Gruppe von Kindern einzufügen, wir müssen kooperieren und konkurrieren. Wir beginnen Bücher und Zeitschriften zu lesen, und wenn wir uns erst einmal die Fähigkeit des Lesens angeeignet haben, sind wir einer ungeheuren Vielfalt von Stimuli ausgesetzt. Es wird praktisch unmöglich, *nicht* zu lesen, denn wir sind ständig von geschriebenem Material in Form von Werbeplakaten, Aufklebern und Notizen, Zeitungen und Zeitschriften umgeben.

Auf unser biologisches Muster oder auf die Tatsache, daß in unserem Umfeld Probleme auftauchen, haben wir normalerweise kaum Einfluß. Wir müssen lernen, damit zu leben, daß wir beispielsweise kurze Beine haben und niemals Fotomodell werden können, und wir müssen gleichermaßen akzeptieren, daß wir es damals nicht schafften, auf die Universität zu kommen, oder daß wir unsere Arbeitsstelle verloren haben. Und dennoch haben wir innerhalb des Rahmens unserer Umwelt und unseres biologischen Erbes eine beträchtliche Wahlfreiheit. Für jedes Problem, mit dem wir im Leben konfrontiert werden, gibt es *mehrere* Lösungen. Wenn wir annehmen, der Autor unseres Lebensdrehbuches zu sein, so leugnen wir damit nicht, daß wir vielleicht durch bestimmte Lebensumstände stark eingeschränkt sind. Aber wenn wir mit unseren Lebensumständen nicht zufrieden sind, haben wir die Freiheit, uns günstigere Bedingungen zu schaffen. Uns bleibt immer mindestens *eine* andere Möglichkeit neben dem Selbstmitleid.

__2__

INDIVIDUUM UND GESELLSCHAFT

Betrachten wir uns einmal genauer, welche Art von Einschränkungen uns durch die Umwelt auferlegt werden. Es wäre töricht zu glauben, daß wir diese Grenzen übertreten können, ohne irgendwelche Konsequenzen fürchten zu müssen. Ein überzeugter Nudist kann nicht splitternackt in den Morgenzug steigen und zu seiner Arbeit fahren, ohne an irgendeiner Station von der Polizei aus dem Zug geholt zu werden. Wäre es jedoch allgemein üblich, nackt zu reisen, könnten wir vielleicht eine Szene beobachten, wo ein seltsamer Herr im Nadelstreifenanzug mit Bowler auf dem Kopf von Männern in weißen Kitteln abgeführt wird. Unsere Wahlfreiheit und unsere Freiheit, uns in jede von uns gewünschte Richtung zu entwickeln, ist unbestreitbar durch die Gesellschaft, in der wir leben, eingeschränkt. Zum einen können wir erst gar nicht wählen, was wir nicht kennen. Wenn wir noch nie vom Beruf des Fußpflegers gehört haben, können wir diesen Beruf nicht wählen. Heutzutage stellt Uniformiertheit jedoch kaum ein Problem dar, denn die Massenmedien machen Neuigkeiten und Informationen für jeden zugänglich. Das war nicht immer so. Noch vor wenigen hundert Jahren konnten nicht alle Menschen lesen, und bestimmte Berufszweige waren nur Wohlhabenden oder Adeligen vorbehalten. Es war allgemein üblich, daß der Sohn beruflich in die Fußstapfen seines Vaters trat und daß die Tochter so früh wie möglich heiratete und Kinder bekam.

Organisationen und Institutionen, geschriebene und ungeschriebene Gesetze und Regeln lenken die Entwicklung in ganz bestimmte Bahnen. Unsere Eltern und später unsere Lehrer machen uns mit den grundlegenden Werten unserer Gesellschaft vertraut. Als kleine Kinder sind wir zunächst von diesen Werten total abhängig – einfach weil wir unsere Eltern als allwissende Götter betrachten und weil ihre Liebe und Unterstützung für unser physisches und emotionales Überleben notwendig ist. Selbst wenn Kinder anfangen zu rebellieren, da ihre kritischen Fähigkeiten erwachen, sind sie durch ihre emotionalen Bedürfnisse weiterhin an ihre Eltern gebunden und somit abhängig von deren Verhaltensweisen und Meinungen. Je länger man mit einem Menschen zusammen ist, desto wahrscheinlicher ist es, daß man dessen Werte übernimmt. Daher ist das Bild, das sich ein Kind von der Welt macht, nicht ausschließlich seine eigene Schöpfung, sondern eher eine Mischung aus dem, was es von den Erwachsenen gelernt hat, und seinen eigenen Phantasien über die Dinge, die es noch nicht versteht. Die Kirche hatte (und hat auch heute oft noch) einen enormen Einfluß auf unsere Vorstellung von Richtig und Falsch, von Gut und Böse, und diejenigen unter den Lesern, die in einer strengen religiösen Tradition aufwuchsen, werden bestätigen können, wie ihre Wahrnehmung der Welt von den Lehren ihrer jeweiligen Religion geformt wurde.

Wenngleich wir uns als Individuum mit eigenen Problemen, Hoffnungen und Wünschen wahrnehmen, sind wir doch gleichzeitig Mitglieder der Gesellschaft und Kultur, in der wir leben. Wir stehen freiwillig oder unfreiwillig ständig in Kontakt mit anderen Menschen, die *ihre* persönlichen Probleme, Hoffnungen und Wünsche haben. Diese fortwährende Notwendigkeit einer Interaktion zwischen uns und anderen zwingt uns, uns selbst und andere verstehen zu lernen, wenn wir ein positives soziales Umfeld schaffen wollen, in dem wir uns glücklich und angenommen fühlen. Dies ist, wie wir alle wissen, keine geringe Leistung. Wir müssen lernen, die Reaktionen anderer auf unsere Handlungen vorauszusehen und, falls nötig, unser Verhalten entsprechend ändern. Hat der kleine Hans erst einmal begriffen, daß seine Mama jedes Mal einen Tobsuchtsanfall bekommt, wenn er mit seinen schlammverkrusteten Stiefeln über den Wohnzimmerteppich stapft, wird er sein neuerworbenes Wissen nutzen, indem er sich das nächste Mal, wenn er seine Fußabdrücke überall auf dem Perser hinterläßt, entweder versteckt, um ihrem Zorn zu entgehen, oder, wenn seine Mutter Glück hat, indem er seine Schuhe auszieht, bevor er das Wohnzimmer betritt.

Während unserer Kindheit lernen wir viele Dinge über Belohnung und Bestrafung. Wir werden gelobt, wenn wir uns bei Tante Annegret ruhig und wohlerzogen verhalten, und wir werden angezischt, wenn wir uns darüber auslassen, daß Onkel Paul eine Glatze bekommt, oder uns laut darüber wundern, daß Großmama abends ihre Zähne aus dem Mund nehmen kann.

Einige unserer sozialen Verhaltensweisen werden uns von Eltern und Lehrern beigebracht, andere lernen wir, indem wir andere Menschen beobachten und nachahmen, falls deren Verhalten sich zu lohnen scheint. Diese Neigung, durch Nachahmung zu lernen, wurde in einem Experiment demonstriert, bei dem man drei Gruppen von Vorschulkindern einen Film zeigte, in dem ein Erwachsener auf eine große Puppe einschlug. Der ersten Gruppe wurde eine Version gezeigt, in der der Erwachsene am Schluß von einem anderen Erwachsenen für sein Verhalten belohnt wurde, die zweite Gruppe sah eine Version, in der der Erwachsene bestraft wurde, und die dritte Gruppe bekam einen Schluß zu sehen, bei dem der zuschauende zweite Erwachsene gleichgültig blieb. Als die Kinder nach dem Film aufgefordert wurden, mit einer lebensgroßen Puppe zu spielen, schlugen und traten die Kinder der ersten und dritten Gruppe auf die Puppe ein, während die Kinder der zweiten Gruppe, die die Bestrafung des Erwachsenen gesehen hatten, sich deutlich zurückhielten. Als man jedoch allen Kindern Schokolade versprach, wenn sie die Puppe schlügen, schwand auch der Widerstand der zweiten Gruppe innerhalb von Sekunden ...

Von außen kommende Stimuli und erwachsene Rollenvorbilder formen zusammen mit unseren persönlichen Strukturen und unseren bisherigen Erfahrungen ein Modell der Welt in unseren Köpfen – ein geistiges Bild, das unsere Annahmen darüber, wie die Welt funktioniert, widerspiegelt. Der Sohn eines Bankangestellten betrachtet Banker im allgemeinen vielleicht als hilfreiche Menschen, während jemand, dessen einzige Erfahrung mit Bankern darin besteht, unangenehme Briefe von ihnen zu erhalten, in diesen Leuten vielleicht generell Feinde sieht. Ein kleiner Junge, der ständig von seiner Mutter gedemütigt wird, entwickelt vielleicht ein so negatives Bild von Frauen, daß er später im Leben möglicherweise mit versteckter oder offener Genugtuung reagiert, wenn er in der Zeitung von

Gewalt gegen Frauen liest. Unsere Erfahrungen bestimmen, wie wir die Welt um uns herum wahrnehmen. Dies wird sehr schön durch die Parabel über die drei blinden Männer verdeutlicht, die alle einen Elefanten beschreiben sollen. Je nachdem, welchen Teil des Elefanten sie berühren, geben sie so völlig unterschiedliche Beschreibungen, daß jeder von ihnen ein ganz anderes Tier zu beschreiben scheint. Keiner von ihnen kann sehen, wie der Elefant wirklich aussieht, und doch ist jeder davon überzeugt, daß er recht hat.

Während wir heranwachsen, kreieren wir nicht nur ein geistiges Bild unserer Umwelt, wir formen auch ein inneres Bild von uns selbst. Die Spiegelungen anderer dienen uns als Rückmeldung, das heißt, die Art, in der andere auf uns reagieren, dient als Spiegel, in dem wir uns selbst sehen können. Wenn die Versuche eines Kindes, sich mitzuteilen auf Gleichgültigkeit oder Ungeduld stoßen, begreift das Kind diese Reaktion als persönlichen Verweis, als Botschaft, die besagt: »Du bist es nicht wert, daß man dir zuhört.« Dieses Selbstbild, das uns schon in der frühen Kindheit von Eltern und Lehrern eingeprägt wird, betrachten wir später als unser Selbst.

Eine der Voraussetzungen für unsere Weiterentwicklung ist, daß wir wahrnehmen können, was wir fühlen. Kinder müssen ihre negativen Gefühle oft verleugnen, um sich die Liebe ihrer Eltern zu erhalten. Auf diese Weise können Eltern einem Kind ihre eigene Ansicht über *seine* Gefühle überstülpen. Wenn Jenny ihren kleinen Bruder schlägt und ihre Eltern dazu bemerken, daß sie ihm sicher nicht wehtun wollte, sieht sich Jenny vielleicht gezwungen, ihnen zuzustimmen, obwohl sie wütend *ist* und sie ihm wehtun *will*, weil er sie geärgert hat. Da ihre Wut jedoch für ihre Eltern offensichtlich nicht akzeptabel ist, paßt sie sich an deren Version der Realität an und macht sie zu ihrer eigenen. So verleugnet sie ihren Zorn und fühlt sich jedes Mal schuldig, wenn sie wütend wird.

Doch wir sind nicht nur passive Empfänger der auf uns einwirkenden Einflüsse. Die Gesellschaft beeinflußt uns, aber wir beeinflussen auch die Gesellschaft. Es besteht immer eine Wechselwirkung zwischen uns und den Menschen, auf die wir uns beziehen. Ein anderer wichtiger Punkt ist die Tatsache, daß wir nicht nur andere, sondern auch uns selbst beeinflussen können. Wir haben die Fähigkeit, unsere eigene Realität zu erschaffen, und das bedeutet, daß wir auch Verantwortung übernehmen müssen für die Wahl, die wir treffen. Viele Menschen fürchten diese Freiheit der Wahl und ziehen es vor, sich an Konventionen, Trends oder Ideologien festzuhalten. Doch der Preis, den sie dafür zahlen, besteht darin, daß nicht sie, sondern andere über ihr Leben bestimmen. Letztendlich leben sie nicht ihr eigenes Leben, sondern das eines anderen, und sie zwingen sich selbst, jemand zu sein, der sie gar nicht sind. Es ist beispielsweise nicht gut, eine berufstätige Mutter zu sein, nur weil es dem gegenwärtigen Trend entspricht, wenn man in Wirklichkeit nichts lieber täte, als bei den Kindern zu Hause zu bleiben.

Um zu wachsen und uns weiterzuentwickeln, müssen wir lernen, unsere eigenen Bedürfnisse und Gefühle wahrzunehmen und offen zu sein für neue Erfahrungen. Es gehört Mut dazu, die eigenen Grenzen zu erweitern, aber es ist der Mühe wert, denn der Lohn ist ein erfüllteres Leben und das Aufblühen unseres gesamten Potentials.

3

ENTWICKLUNG ALS FORTLAUFENDER PROZESS

Wenn wir von Entwicklung sprechen, denken wir oft an den körperlichen Aspekt, beispielsweise, wenn ein Baby größer wird, die ersten Zähne bekommt und schließlich sein babyhaftes Aussehen verliert. Während das Kind heranwächst, wandelt sich allmählich der gesamte physische Habitus, und die ersten körperlichen Anzeichen der Pubertät werden sichtbar. Wenn die Knochen ihre endgültige Länge erreicht haben, kommt das Wachstum zum Stillstand. Danach beginnt eine rückläufige Entwicklung, und die körperlichen Kräfte nehmen, nachdem der Höhepunkt der Reife überschritten wurde, allmählich wieder ab.

Es findet aber auch eine geistige und mentale Entwicklung statt. Wir sind uns dessen besonders bewußt, wenn ein kleines Kind heranwächst, wenn ein Baby laufen und sprechen, ein Kind lesen und schreiben lernt und sogar später noch, wenn ein junger Mensch an der Universität studiert oder ein Lehrling an seinem Arbeitsplatz neue Fähigkeiten erwirbt. Weniger Beachtung schenken wir allerdings der Entwicklung auf der sozialen Ebene, dem Erlangen sozialer Fähigkeiten, wie zum Beispiel der Fähigkeit, Freundschaften zu schließen, der Fähigkeit, verschiedenste Rollen auszufüllen (beispielsweise aus der Rolle des Ehemannes in die des Vaters zu schlüpfen), sowie der Fähigkeit, die verschiedensten Probleme zu meistern, mit Streß, Krankheit, finanziellen Sorgen oder Beziehungsschwierigkeiten umzugehen. Alle Entwicklungsschritte, die mit Schule und Ausbildung gekoppelt sind, erscheinen uns mehr oder weniger selbstverständlich, weil die meisten von uns diesen Weg teilen. Der Schulbesuch ist von einem bestimmten Alter an obligatorisch, und eine höhere Bildung bietet anscheinend mehr Aussichten auf einen guten Beruf, also fügen wir uns dem Lernprozeß mehr oder weniger glücklich, je nach Charakter und Disposition. Aber die Schule kommt im Leben eines jungen Menschen häufig erst an zweiter Stelle, und das ist nicht verwunderlich, wenn man bedenkt, wie viele grundlegende physische und emotionale Veränderungen während der Pubertät stattfinden. Bei all den aufkeimenden sexuellen Wünschen, gepaart mit Neugier, Schüchternheit und Unerfahrenheit bringt ein Jugendlicher oft nicht mehr Energie auf als ein nasses Salatblatt, wenn er sich der Schlacht von Trafalgar oder den unregelmäßigen französischen Verben widmen soll. Wenn man damit beschäftigt ist, etwas über sich selbst, seinen Körper und seine Beziehungen zu anderen herauszufinden, wenn man, mit anderen Worten, dabei ist, erwachsen zu werden, dann ist die Schule bestenfalls eine unwillkommene Unterbrechung. Musterschüler sind oft Jugendliche, die in ihren Beziehungen erfolglos oder ängstlich sind und sich deshalb hinter ihren Schulbüchern vergraben.

Wenn wir dann die Schule oder Universität verlassen, haben wir zehn bis fünfzehn Jahre oder noch länger damit verbracht, unser Wissen zu vergrößern und Qualifikationen für einen Beruf zu erwerben, nur um festzustellen, daß theoretisches Wissen sich nicht automatisch in praktisches »Know-how« verwandelt, wenn wir anwenden sollen, was wir gelernt haben. Der Lernprozeß muß weitergehen – diesmal auf der Basis alltäglicher Erfahrungen. Irgendwann jedoch erreichen wir endlich den Punkt, wo wir im Beruf alles im Griff und gelernt haben, Unerwartetes und Schwieriges relativ leicht zu meistern wissen, wo wir uns zurücklehnen und uns darüber freuen können, daß wir es geschafft haben. Und das ist wahrhaftig ein erhebendes Gefühl.

Unglücklicherweise ist dies aber auch sehr oft der Punkt, an dem das Lernen und somit die Weiterentwicklung zum Stillstand kommt. Nach ein paar Jahren stellt sich Routine ein, und wir beginnen die Fähigkeit – und oft sogar den Wunsch – zu verlieren, neue Horizonte zu entdecken und unsere Fähigkeiten zu erweitern. Das Leben schrumpft zum Achtstunden-Arbeitstag mit dem Abendessen vorm Fernseher oder zum Vierzehnstundentag mit den Kindern, an dessen Ende man vor dem Fernseher einschläft. Wir haben uns »niedergelassen«, unser

24

Leben folgt einem vorgegebenen Gleis, und wenn wir an einer Kreuzung ankommen, wählen wir den bequemeren Weg. Das einzige Neue, das wir noch erleben, ist vielleicht eine Beförderung oder ein Firmenwechsel, aber auf der persönlichen Ebene funktionieren wir nach dem gleichen alten Schema, bis wir pensioniert werden. Das führt dazu, daß wir innerlich erstarren und bei der Lösung von Problemen immer schwerfälliger werden. Je mehr wir aber dazu neigen, neuen (und möglicherweise schwierigen) Erfahrungen auszuweichen, desto unfähiger werden wir, solche Situationen zu meistern, und unser Selbstvertrauen, eine neue Herausforderung anzupacken, wird schließlich immer geringer. Das ist ein Problem vieler Frauen, die aus dem Berufsleben ausgeschieden sind, um ihre Kinder aufzuziehen, und denen nun, da die Kinder aus dem Haus sind, der Mut fehlt, einen neuen beruflichen Anfang zu wagen. Das gleiche gilt auch für Menschen, die nur für ihre Arbeit leben. Sie verlieren den Kontakt mit der Außenwelt und haben keine anderen Interessen oder nährenden Quellen mehr. Wenn diese Menschen aus dem Arbeitsprozeß ausscheiden müssen, ist die Wahrscheinlichkeit, daß sie unter Depressionen leiden oder früh sterben, viel größer, als bei Menschen, die sich im Laufe der Jahre interessante Kontakte und Hobbys aufgebaut haben. Auf den ersten Blick mag es sicherer scheinen, neuen Situationen aus dem Weg zu gehen, aber auf lange Sicht entgeht einem dadurch auch eine Menge Spaß und Anregung. Lange Zeit waren Psychologen der Ansicht, daß es eine kritische Zeitspanne gibt, in der ein Kind bestimmte mentale und soziale Fähigkeiten erworben haben muß. Man glaubte, ein Kind könne bestimmte fehlende Erfahrungen nicht mehr nachholen oder sich von bestimmten Traumata nicht mehr erholen, wenn es das sechste Lebensjahr überschritten hatte. Wir wissen heute, daß sich eine solche Ansicht in eine sich selbst erfüllende Prophezeiung verwandeln kann: Weil man es als unmöglich betrachtet, vernachlässigte Kinder zu sozialisieren, wenn sie ein bestimmtes Alter überschritten haben, versucht niemand, ihnen zu helfen, und so kann sich ihr Zustand natürlich nie verbessern – was wiederum die Theorie zu bestätigen scheint, daß nach dem sechsten Lebensjahr keine Förderung mehr möglich sei.

Es stimmt natürlich, daß traumatische Erlebnisse in der frühen Kindheit eine starke Auswirkung auf einen Menschen haben, aber das bedeutet nicht, daß ein solches Trauma diesen Menschen für den Rest seines Lebens beeinträchtigen muß. Daß wir als kleine Kinder wenig Liebe bekamen, muß nicht heißen, daß wir als Erwachsene keine Liebe erleben können, und wenn wir uns als Kinder unglücklich und zurückgewiesen fühlten, heißt das nicht, daß wir keine glücklichen Erwachsenen werden können. Sicher, es kann sehr schwer sein, traumatische Erlebnisse zu überwinden, und in manchen Fällen wird man nicht ohne Hilfe von außen auskommen, aber es ist dennoch möglich. Es gibt viele Fälle, in denen es Menschen, die aus furchtbaren Verhältnissen kamen, gelang, ihre Vergangenheit aufzuarbeiten und später ein glückliches und erfolgreiches Leben zu führen.

Die Mittel zu Selbsterfüllung und Glück liegen in unserer Hand, aber es gehört Mut dazu, auf sein eigenes Glück hinzuarbeiten, denn es bedeutet, daß wir das Risiko eingehen müssen, neue Wege zu gehen und mehr über uns selbst und unsere Gefühle zu erfahren. Wir brauchen Entschlossenheit, wenn wir den neuen Weg gehen und nicht schon beim ersten Hindernis aufgeben wollen. Veränderungen finden normalerweise nicht plötzlich statt, so daß uns genügend Zeit bleibt, uns allmählich mit ihnen anzufreunden. Unsere gesamte Umwelt verändert sich ständig, und wir müssen uns an diese Veränderungen anpassen – warum also lassen wir nicht unser Leben durch sie bereichern? Wir können uns persönliche Ziele setzen und darauf hinarbeiten. Dadurch werden wir weiter wachsen und uns kontinuierlich weiterentwickeln – und zwar weit über irgendwelche biologischen Grenzen hinaus.

4

OPTIMISMUS IM GEGENSATZ ZU PESSIMISMUS

Wenn man heutzutage die Zeitungen liest, könnte man zu dem Schluß kommen, daß es in der Tat sehr wenig Anlaß zu Optimismus gibt. Überall Krieg und Konflikte, Aufstände bei denen Tausende ums Leben kommen, Chaos durch Streiks, die von verzweifelten Menschen angezettelt werden, Gewalt in unseren Großstädten, wo Mord, Raub, Einbrüche und Vergewaltigungen an der Tagesordnung sind, steigende Inflationsraten, steigende Zinsen, die viele Familien ins Unglück stürzen, fortschreitende Umweltzerstörung mit irreparablen Schäden an Wäldern, Wasser und Luft und die drohende oder schon vollzogene Ausrottung so vieler wildlebender Tiere und Pflanzen. Eigentlich kann nur ein Ignorant oder ein gleichgültiger Mensch oder jemand, der überhaupt nichts mehr ernst nimmt, in Anbetracht all dieser Ereignisse noch hoffnungsvoll in die Zukunft schauen! Es scheint, daß schlechte Nachrichten, im Gegensatz zu guten, sich wirklich in Windeseile verbreiten. Auch werden schlechte Nachrichten von den Medien eher als verbreitungswürdig erachtet, als irgendeine positive Nachricht, die es vielleicht geben könnte. Betrachten wir uns doch, was wir von Zeitungen, Fernsehen und Radio täglich vorgesetzt bekommen. Ihre Nachrichtenspalten und -sendungen sind so angefüllt mit den Problemen der Welt; sie leben praktisch von Schwierigkeiten, Krisen und Katastrophen. Aber warum wird im allgemeinen nur über negative Ereignisse berichtet? Nach einer Flut von Nachrichten über Tod, Terror und Gewalt, werden wir im Fernsehen am Ende der Nachrichtensendung schließlich darüber informiert, daß es irgendeinem Zoo gelungen ist, ein Pandababy zu züchten. Vielleicht hofft man, daß diese winzige gute Meldung die enorme Last der negativen Ereignisse etwas leichter machen würde. Diese negative Auswahl, der wir durch die Medien oft ausgesetzt sind, läßt uns vergessen, daß es in der Tat eine Auswahl *gibt*. Irgend jemand hat bestimmte Ereignisse aus den ungeheuer vielen Geschehnissen, die sich an diesem einen Tag auf der Welt zutrugen, herausgepickt – und präsentiert sie nun als »Realität«. Aber selbst diese wenigen ausgewählten Ereignisse, die als bedeutend genug für die Sendung betrachtet werden, werden auf ein paar Minuten Kommentar und einige kurze Filmsequenzen reduziert, so daß das Fenster, durch das wir die Situation sehen können, noch kleiner wird. Es wäre interessant, einmal zu sehen, was geschähe, würde ein Redakteur eines Tages beschließen, nur gute Nachrichten zu senden, bewußt nur die positiven Dinge, die in der Welt geschehen, hervorzuheben. Zum Beispiel, wie Menschen zusammenkommen, um Bäume zu pflanzen oder alte Häuser zu restaurieren, wie die Beziehungen zwischen Ländern sich verbessern, wie Nationen oder Gesellschaften oder einzelne Menschen Probleme meistern – und wenn die Lösungen, die jene gefunden haben, gezeigt würden, so daß jeder daraus lernen könnte. Nur ein paar Sekunden am Schluß der Sendung würde über Gewalt und Tod berichtet ... Ich bin sicher, viele Menschen würden sich betrogen fühlen. Das kann doch nicht alles sein! Es muß doch noch etwas Wichtigeres geschehen sein! Aber ist es nicht seltsam, daß wir uns diese Fragen nie stellen, wenn wir über all das Elend in der Welt informiert werden?

Die Medien scheinen zu suggerieren, daß Schwierigkeiten und Probleme immer mehr zunehmen. Ist das wirklich so? Oder werden einfach die Berichte über diese Probleme immer zahlreicher? In den letzten Jahren haben beispielsweise die Artikel und Berichte über Themen wie Kindesmißhandlung und geschlagene Frauen zugenommen. Das sind ernste Probleme, die erörtert werden müssen, und es ist zum großen Teil das Verdienst der Medien, daß diese Dinge ins öffentliche Bewußtsein gedrungen sind. Aber das bedeutet nicht, daß heute mehr Kinder mißhandelt werden als vor zwanzig Jahren. Es bedeutet nur, daß aufgrund der größeren Bewußtheit und Offenheit in bezug auf diese Probleme, nun mehr Menschen an die Öffentlichkeit treten und über solche Dinge berichten, was wiederum zu einer größeren Verbreitung in den Medien führt.

Die Medien erfüllen eine wichtige Funktion, indem sie helfen, Tabus zu brechen, denn nur dadurch, daß wir uns ein Problem genau anschauen, können wir eine Lösung suchen. Aber wir dürfen dennoch nicht vergessen, daß die Medien nicht beanspruchen können, die Realität in ihrer Gesamtheit widerzuspiegeln, und daß die Tatsache, daß wir plötzlich viel mehr über ein bestimmtes Problem lesen, nicht bedeutet, daß dieses Problem sich vergrößert hat. Es bedeutet lediglich, daß wir nun mehr darüber hören. Diese größere Bewußtheit hat allerdings ihren Preis. Wir bekommen zunehmend das Gefühl, daß wir nichts mehr unter Kontrolle haben, und mit jeder neuen Nachrichtensendung fühlen wir uns niedergeschlagener und entmutigter. Obwohl wir bewußt versuchen können, die negativen Informationen zu ignorieren, wird unser Unbewußtes dennoch berührt. Negative Bilder produzieren negative Gefühle, ob wir es wollen oder nicht.

Und genau wie die negative Information in den Nachrichtensendungen die Realität verzerrt, so tut dies auch die Zurschaustellung geistiger und physischer Stärke in Filmen. Wenn wir uns an den Helden der Filme messen, werden wir ein ziemlich klägliches Bild von uns selbst bekommen, und wenn wir uns all die furchtbaren Nachrichten anhören, werden wir uns doppelt hilflos und handlungsunfähig fühlen.

Um nicht in diese Falle zu gehen, müssen wir uns daran erinnern, daß *wir* die Realität sind und daß daher *wir* das Maß sein müssen, nicht irgendein illusionärer Held im Fernsehen. Wir können wählen, wie sehr wir uns negativen Einflüssen aussetzen wollen. Ist es wirklich notwendig, die Nachrichten im Radio anzuhören, die Zeitung zu lesen *und* die Nachrichtensendung abends im Fernsehen anzuschauen? Es ist verständlich, daß wir informiert sein wollen, aber müssen wir uns deshalb einer ständigen Gehirnwäsche unterziehen, bis wir selbst nur noch negativ denken können?

Das gleiche gilt jedoch auch für uns selbst. Warum finden wir es so einfach zu kritisieren und so schwer zu loben? Es scheint, daß wir ein sehr altes Muster negativen Denkens in uns tragen; wir suchen geradezu nach den Dingen, die uns herunterziehen. Pessimismus scheint so sicher zu sein: Man kann immer davon ausgehen, daß irgendwann irgend etwas schiefgehen wird.

Viele Menschen scheinen geradezu Angst davor zu haben, optimistisch zu sein. Es ist fast so eine Art Aberglaube: Wenn man zu glücklich ist, kann das Unglück nicht fern sein.

Das Problematische an negativem Denken ist jedoch, daß es wie eine sich selbst erfüllende Prophezeiung wirkt. Weil man negativ denkt, ist man angespannt, nervös, launisch und nicht gerade gut in Form. Wenn dann eine schwierige Situation eintritt, wird man höchstwahrscheinlich weniger angemessen reagieren als jemand, der dem gleichen Problem mit einer positiven Geisteshaltung begegnet. Und weil man unangemessen reagiert, findet man schließlich seine Vorahnungen der Katastrophe bestätigt und wird in seinem negativen Denken wiederum bestärkt. Ein Teufelskreis.

Glücklicherweise gibt es keinen Grund für Sie, auf diese negative Weise durchs Leben zu gehen, denn dieses Gesetz funktioniert ebensogut andersherum. Wir wissen, daß das Leben weder immer wundervoll noch immer furchtbar ist. Die Wahrheit liegt wahrscheinlich irgendwo in der Mitte, und wir können die Waage zu unseren Gunsten ausschlagen lassen, indem wir uns bewußt dafür entscheiden, die erfreuliche Seite anzuschauen.

Das heißt nicht, daß wir Probleme unter den Teppich kehren oder Schwierigkeiten aus dem Weg gehen sollten – ganz im Gegenteil. Vor Problemen wegzulaufen ist sinnlos, denn sie werden uns sofort hinterherlaufen. Was wir tun müssen, ist: innehalten, uns umdrehen, das, was uns hindert oder ängstigt, gut anschauen und dann angemessene Schritte unternehmen, um damit fertig zu werden. Wenn wir pessimistisch eingestellt sind, werden wir wahrscheinlich zweifeln, ob es sich überhaupt lohnt, das Problem anzupacken, während wir, wenn wir optimistisch sind, bereit sein werden, es zu lösen. Wenn Sie sich einmal all die Errungenschaften der Medizin, der Wissenschaft und Technik ins Gedächtnis rufen, dann können Sie sicher sein, daß dies die Errungenschaften von Optimisten sind, die daran glaubten, daß es eine Lösung für die Probleme, mit denen sie konfrontiert waren, geben mußte – und sie suchten nach dieser Lösung. Ein Pessimist hätte einfach aufgegeben und die Antwort nie gefunden. Wenn wir an die durch die Industrie und andere hervorgerufene Umweltverschmutzung denken, die das

Leben auf unserem Planeten bedroht, wenn wir an all die gefährdeten Spezies denken, die um des Profites willen getötet werden, könnten wir leicht verzweifeln und uns damit abfinden, daß wir mit der Zerstörung unseres Lebensraumes zu weit gegangen sind und daß wir nichts mehr daran ändern können. Aber ein Optimist entschied, daß es nicht zu spät sei, eine Rettungsaktion ins Leben zu rufen und begann, eine Organisation wie Greenpeace, den World Wildlife Fond oder Amnesty International ins Leben zu rufen. Diesem einen Optimisten schlossen sich bald andere an, die genauso dachten, und nach einiger Zeit waren große, einflußreiche Organisationen entstanden, die sich mit Regierungen anlegten. Zugegeben, es geht langsam voran, aber der Fortschritt wird allmählich immer mehr sichtbar. Es braucht Zeit, Veränderungen in dem Verhalten und den Einstellungen von Menschen zu bewirken, und oft werden wir ungeduldig, weil wir sofort Ergebnisse sehen wollen.

Optimismus ist die Überzeugung, daß es sich lohnt, es zu versuchen; Optimismus ist die Hoffnung, daß ein positiver Ausgang möglich ist, trotz der Hindernisse, die vielleicht den Weg versperren. Es gehört Mut dazu, optimistisch zu sein, aber es bleibt uns gar keine andere Wahl, wenn wir vermeiden wollen, in die Sackgasse von Resignation und Negativität zu geraten.

__5__

EIN PAAR MÄRCHEN
UND IHRE FORTSETZUNG

Vielleicht erinnern Sie sich an einige dieser alten Märchen, die Ihnen Ihre Eltern abends vorlasen, um Ihnen das Einschlafen zu erleichtern. Wenn man mich bitten würde, ein sicheres Mittel gegen ungestörten, friedlichen Schlaf zu nennen, würde ich ganz bestimmt zuerst an diese Märchen denken. In all diesen Geschichten geht es ständig um verfolgte Helden, die mit Riesen und Ungeheuern, mit menschenfressenden Wölfen oder bösen Zauberern kämpfen müssen, um danach glücklich bis ans Ende ihrer Tage zu leben. Manchmal müssen sie auch die Antwort auf irgendeine alberne Frage finden, wenn sie nicht geköpft werden wollen, und dabei waren sie nur gekommen, um eine schöne Prinzessin zu freien. Ich frage Sie: Finden Sie so etwas entspannend? Ebensogut könnten sie Ihren Kindern erlauben, einen Horrorfilm im Fernsehen anzuschauen! Warum muß die Prinzessin einen widerwärtigen kleinen Frosch auf dem Kopfkissen dulden, wo doch jeder weiß, daß es unhygienisch ist, Tiere ins Bett zu lassen? Warum muß Aschenputtel um Mitternacht zu Hause sein? Wenn es ihr erlaubt ist, in einem tiefausgeschnittenen Abendkleid auszugehen, dann ist sie auch alt genug, selbst zu entscheiden, wann sie genug getanzt oder Champagner getrunken hat (oder was immer in den Märchenschlössern serviert wird). Märchen sind gespickt mit Unannehmlichkeiten und Hindernissen, und die Helden, die oft Kinder oder junge Erwachsene sind, sind ständig in Bedrängnis. Glücklicherweise gibt es meistens ein Happy-End, wo die Guten belohnt und die Schlechten bestraft werden. Aber haben Sie sich jemals gefragt, was geschehen wäre, wenn unsere Helden sich später in ihrem Leben in einer ähnlichen Situation wiedergefunden hätten? Wären sie gereift, hätten sie sich mehr Wissen und weitere Fähigkeiten angeeignet? Hätten sie gesunden Menschenverstand bewiesen? Angenommen, sie hätten in der Zwischenzeit Fortschritte in ihrer persönlichen Entwicklung gemacht – wie würden sie heute dem Auf und Ab des Lebens begegnen? Betrachten wir uns einmal einige dieser Märchen und ihre mögliche Fortsetzung.

Rotkäppchen

DIE BEKANNTE GESCHICHTE

Irgendwo auf dem Land lebt eine alleinstehende Mutter mit ihrem kleinen Töchterchen, das sie über alles liebt. Eines Tages näht sie ein rotes Käppchen für das Mädchen, und da sie darauf besteht, daß das Kind die Kappe jeden Tag trägt, wird das arme Ding bald überall nur noch Rotkäppchen genannt. Eines Tages schickt die Mutter Rotkäppchen mit einem Korb voller Lebensmittel zur kranken Großmutter, die in einem anderen Dorf lebt. Um dorthin zu gelangen, muß Rotkäppchen einen großen Wald durchqueren. Unterwegs begegnet sie einem großen, bösen Wolf, der nichts lieber täte, als das Kind zu seinem Nachtmahl zu machen, aber da einige Reisigsammler in der Nähe sind, hält er sich erst einmal zurück. Statt dessen beginnt er artig mit Rotkäppchen zu plaudern, macht ihr Komplimente über ihren schönen roten Umhang, schielt verstohlen auf die Köstlichkeiten in ihrem Korb und fragt sie, wohin sie denn unterwegs sei. Als er herausgefunden hat, daß sie auf dem Weg zu ihrer Großmutter ist, schlägt er vor, daß sie verschiedene Wege nehmen, um zu sehen, wer zuerst bei der Großmutter ankommt. Rotkäppchen geht naiv auf dieses kleine Spiel ein, aber schon bald vergißt sie es wieder, während sie auf ihrem Weg herumtrödelt, Schmetterlinge jagt und giftige Pilze pflückt. Als sie endlich am Hause ihrer Großmutter eintrifft, ist der Wolf schon lange vor ihr dagewesen und hat seinen Vorsprung ausgenutzt, um die Großmutter zu verspeisen, deren Nachthemd und Bettmütze anzulegen und im Bett der Großmutter die Ankunft von Rotkäppchen zu erwarten. Als das Kind das Schlafzimmer der Großmutter betritt, ist sie etwas verwundert über die Veränderung, die mit ihrer lieben Oma geschehen ist. Sie wundert sich laut über die haarigen, spitzen Ohren und großen Augen der Großmutter, aber ihr wird immer wieder versichert, daß es keinen Grund zur Beunruhigung gäbe, und daß all das nur späte Nebenwirkungen der Medikamente seien. Erst als das Mädchen sich über die außergewöhnlich großen Zähne der Großmutter wundert, gibt der Wolf sich zu erkennen, verschlingt Rotkäppchen und fällt in einen tiefen Schlaf. Ein vorbeireitender Jäger hört das donnernde Schnarchen und hält an, um im Haus nach dem Rechten zu sehen. Als er den Wolf schlafend daliegen sieht, errät er, was geschehen ist, und schlitzt dem Wolf den Bauch auf, worauf das kleine Rotkäppchen und die Großmutter erschöpft aber ansonsten wohlauf wieder ans Tageslicht kommen.

DIE FORTSETZUNG

Zwanzig Jahre später ist aus Rotkäppchen eine attraktive junge Dame geworden, die ihr rotes Mäntelchen, sowie ihren albernen Spitznamen längst abgelegt und sich statt dessen einen kleinen roten Sportflitzer zugelegt hat. Sie hat ihr kleines Dorf verlassen, um in der nahen Stadt die persönliche Assistentin eines Konzerndirektors zu werden. Sie kocht Kaffee, ruft die Leute vom Kundendienst an, wenn der Fotokopierapparat kaputt ist, und korrigiert die Rechtschreibfehler ihres Chefs. Aber sie besucht immer noch ihre Mutter und hat auch noch Kontakt zur Großmutter, die sich beharrlich weigert, ins Altersheim zu gehen. Doch der Schock, den der Vorfall mit dem Wolf auslöste, hat Spuren hinterlassen, und Großmutter kränkelt seitdem noch häufiger. Und so macht sich Fiona eines Tages wieder einmal mit einer großen Tasche voller Delikatessen auf den Weg zur Großmama.

Als sie über die Schnellstraße braust, bemerkt sie plötzlich einen jungen Wolf in einem sehr alten Ford, der versucht, ihre Aufmerksamkeit zu erregen. Sein Hemd ist offen bis zum Bauchnabel, und auf seiner haarigen Brust baumelt ein goldenes Medaillon. Er betätigt die Lichthupe, setzt seinen Wagen direkt neben ihren und wird wirklich lästig. Aber da sein Auto nur eine 0,9-Liter-Maschine hat, gelingt es ihm nicht, unsere Heldin zu überholen. So muß er sich mit dem überlegenen kleinen Lächeln begnügen, das sie ihm im Rückspiegel zeigt.

Fortschritt: Eine verbesserte finanzielle Situation ermöglicht es dir, ein Auto zu fahren, das schnell genug ist, um unliebsame Verehrer fernzuhalten.

Aber der junge Wolf will der Herausforderung gewachsen sein und entschließt sich, dem Mädchen im roten Sportwagen zu folgen. Es gelingt ihm, sie an einer Tankstelle wieder einzuholen, aber er folgt ihr nun außer Sichtweite, als sie ihren Weg zum Hause ihrer Großmutter fortsetzt. Während sie vor dem Haus mit einer Nachbarin plaudert, schlüpft er durch die Hintertür ins Haus, zerrt die entsetzte Großmutter aus dem Bett und schließt sie im Schrank ein (er ist Vegetarier). Als Fiona das Zimmer betritt, ist sie sehr überrascht, einen Wolf in Großmutters Bett zu finden, der auch noch deren Bettmütze und Brille aufhat, aber sie läßt sich durch die alberne Verkleidung des Tieres nicht täuschen.

Fortschritt: Regelmäßige Teilnahme an den Biologiestunden in der Schule stellt sicher, daß du einen Wolf von einer Großmutter unterscheiden kannst.

Fiona droht dem Wolf rechtliche Schritte an, falls er nicht sofort sagt, wo die Großmutter ist, und dann augenblicklich verschwindet. Als der Wolf daraufhin nur lacht und versucht, sie zu knuffen, läßt Fiona ein paar gut gezielte Karateschläge auf seinen Hals niedersausen, was den Wolf außer Gefecht setzt.

Fortschritt: Es ist wichtig, die eigenen Rechte zu kennen. Noch besser ist es, wenn man sie in kritischen Momenten auch verteidigen kann.

Als Fiona den Wolf zum Kleiderschrank schleift, um ihn dort einzuschließen, entdeckt sie die Großmutter, befreit sie und wartet ruhig auf das Eintreffen der Polizei.

Rumpelstilzchen

DIE BEKANNTE GESCHICHTE

Ein armer Müller hat eine Tochter, die nicht nur wunderschön, sondern auch über alle Maßen klug ist. Der Müller, selbst nicht gerade sehr helle, verbringt seine Tage damit, herumzulaufen und mit seiner Tochter zu prahlen. Eines Tages, als er ein paar Gläser zuviel getrunken hat, geht er sogar so weit, dem König zu erzählen, seine Tochter könne aus Stroh Gold spinnen.

Das war ein großer Fehler, denn der König ist nicht nur unverheiratet, sondern auch überaus raffgierig. Er befiehlt, daß das Mädchen zu ihm gebracht wird, führt sie in eine Kammer, die bis unter die Decke mit Stroh gefüllt ist, und befiehlt ihr, mit dem in der Mitte des Raumes stehenden Spinnrad Gold aus dem Stroh zu spinnen. Sollte es ihr mißlingen, müßte sie sterben. Das Mädchen beeilt sich, ihm zu versichern, daß sie nicht in der Lage ist, so etwas zu tun, aber er hört gar nicht zu und schließt sie ein.

Nachdem sie einige Zeit damit verbracht hat, ihren Vater, der sie in diese mißliche Lage gebracht hat, zum Teufel zu wünschen, setzt sich das Mädchen in eine Ecke und fängt bitterlich an zu weinen. Da geht plötzlich die Tür auf, und ein seltsamer kleiner Bursche kommt hereingehoppelt. Er schaut sie listig an und verspricht, ihr zu helfen, wenn sie ihm dafür einen Teil ihres Schmuckes gibt. Glücklich willigt das junge Mädchen ein und gibt ihm ihre Halskette.

Am nächsten Morgen kommt der König wieder und sieht zu seiner Freude, daß das Stroh in der Tat zu Gold geworden ist. Sofort macht er weitere Pläne. Er führt das Mädchen in einen noch größeren Raum, der ebenfalls mit Stroh gefüllt ist, und droht abermals, sie hinrichten zu lassen, sollte sie das Stroh nicht bis zum nächsten Morgen in Gold verwandelt haben. Wieder hilft der Zwerg dem Mädchen und erhält diesmal ihren Ring als Lohn.

Aber die Gier des Königs ist grenzenlos. Er führt das Mädchen in einen noch größeren Raum und verspricht ihr, während er sie mit gierigen Augen anschaut, sie zur Königin zu machen, wenn sie nur noch diese eine Aufgabe erfüllt. Obwohl die Müllerstochter nicht sicher ist, ob die Aussicht, den König zu heiraten, besser ist als die, hingerichtet zu werden, wartet sie auf den Gnom und hofft, daß er erscheinen möge, um ihr wieder zu helfen. Tatsächlich taucht er wieder auf, doch sie hat nun keinen Schmuck mehr. Da verspricht sie ihm schließlich ihr erstgeborenes Kind, wenn sie erst einmal Königin geworden sei.

Alles läuft nach Plan, und die Müllerstochter heiratet den König, der aus steuerlichen Gründen nicht mehr von ihr verlangt, Stroh zu Gold zu spinnen. Als ihr erstes Kind geboren wird, taucht der Zwerg wieder auf und fordert seinen versprochenen Lohn. Die Königin bietet ihm ihren gesamten (diesmal echten) Schmuck an, aber der kleine Mann besteht stur auf der Herausgabe des Kindes. Erst als sie anfängt bitterlich zu weinen, bekommt er Mitleid mit ihr und gibt ihr drei Tage Zeit, seinen Namen herauszufinden. Gelingt es ihr, so darf sie das Kind behalten. Sofort läßt die Königin ihre Kundschafter im ganzen Land ausschwärmen, um den Namen des seltsamen Zwerges herauszufinden, aber die Suche ist erfolglos. Erst am dritten Tag berichtet einer der Kundschafter von einem kleinen Mann, der um ein Feuer herumgetanzt sei. Dabei habe der Zwerg mit einer Fistelstimme gesungen: »Ach wie gut, daß niemand weiß, daß ich Rumpelstilzchen heiß«. Jetzt kennt die Königin den Namen des Zwerges, und als er wiederkommt, um das Kind zu holen, sagt sie es ihm. Voller Zorn stampft der Gnom auf den Boden und zerrt in seiner Wut so stark an einem Bein, daß er sich selbst in zwei Stücke reißt. Die Königin befiehlt einem Diener, den toten Zwerg wegzuschaffen und lebt von Stund an glücklich bis an ihr Ende.

DIE FORTSETZUNG

Nehmen wir einmal an, die ganze Geschichte hätte sich zehn Jahre später zugetragen; die Müllerstochter ist also 26 statt 16 Jahre alt. In der Zwischenzeit hat Pippa ihr Staatsexamen als Chemikerin bestanden und arbeitet für einen Pharmakonzern in der nahen Stadt. Ihr Vater macht sich Sorgen darüber, daß sie in ihrem Alter noch unverheiratet ist und prahlt deshalb weiterhin überall mit ihrer Schönheit und Klugheit, weil er hofft, auf diese Weise einen Verehrer für sie zu finden, der ihm die Verantwortung für sie abnimmt. Als Hoflieferant von Vollkornbrötchen wird er zur alljährlichen Gartenparty des Königs eingeladen.

Fortschritt: Berufliche Vielseitigkeit führt zu verbesserten Geschäftsbeziehungen.

Er ergreift die Gelegenheit, sein Anliegen dem König vorzutragen. Während er auf seine Audienz wartet, genehmigt er sich ein paar Gläser, um seine Nervosität zu vertreiben, und so betritt er die königliche Bibliothek nicht gerade nüchtern. Der König, der sich permanent in finanziellen Schwierigkeiten befindet, lauscht aufmerksam dem schon etwas lallenden Müller und bestellt Pippa für den nächsten Tag in seinen Palast. In der Hoffnung, seine Finanzprobleme nun endgültig lösen zu können, führt er sie erwartungsvoll in einen Raum, der bis zur Decke mit Stroh gefüllt ist und in dessen Mitte ein Spinnrad steht. Es kommt zu einer kurzen Auseinandersetzung, während der Pippa dem König klarzumachen versucht, daß ihre berufliche Erfahrung sie lehrte, daß es unmöglich ist, aus Stroh Gold zu machen, und daß sie ohne ihren Bunsenbrenner sowieso nichts anfangen könne. Doch der König glaubt, daß sie nur arbeitsscheu ist, und schließt sie in dem Zimmer ein, nicht ohne ihr vorher eine harte Bestrafung anzudrohen, sollte sie am nächsten Morgen das Gold nicht produziert haben. Als Pippa auf einem Strohballen sitzend darüber nachdenkt, wie sie wohl aus ihrer mißlichen Lage herauskommen könnte, geht die Tür auf, und ein seltsames kleines Männlein von häßlicher Gestalt betritt den Raum. Er stellt sich höflich als Meister Rumpelstilzchen vor.

Fortschritt: Gute Manieren fördern Geschäftsbeziehungen.

Er erklärt ihr, daß er Finanzberater ist und in seiner Freizeit als Hobby Alchimie betreibt. Er offenbart ihr auch, daß es ihm nach Jahren des Experimentierens endlich gelungen sei, eine chemische Formel zu entwickeln, mit der man Futtergetreide in achtzehnkarätiges Gold verwandeln kann. Er habe seine Entdeckung schon zum Patent angemeldet. Rumpelstilzchen bietet dem Mädchen an, ihr diesen Prozeß kostenlos zu demonstrieren, denn er hofft, Pippa mit seinen Fähigkeiten so zu beeindrucken, daß sie sich in ihn verliebt.

Fortschritt: Großzügigkeit schafft guten Willen.

(Rumpelstilzchen hatte bisher wenig Erfolg bei Frauen, weil er so klein ist und sein Gesicht von Narben entstellt. Die Narben stammen von Verletzungen, die er sich bei verschiedenen Explosionen in seinem Labor zuzog.)

Als der König am nächsten Morgen erscheint, ist das ganze Stroh verschwunden, und Pippa präsentiert ihm zu seinem Entzücken einen Goldbarren von beträchtlicher Größe. Euphorisch bittet er sie, in der Nähe zu bleiben, und nach einer kurzen Besprechung mit seinem Berater führt er sie in einen noch größeren Raum und befiehlt ihr wiederum, das Stroh zu Gold zu spinnen.

Auch in dieser Nacht erscheint Rumpelstilzchen, macht Gold aus dem Stroh und plaudert danach mit Pippa bis zum Morgengrauen. Er weiß, daß er sie noch nicht für sich gewonnen hat, aber da er kürzlich an einem Streß-Bewältigungs-Seminar teilgenommen hat, muß er sich jetzt nicht mehr in zwei Teile reißen, wenn die Dinge nicht nach seinem Willen gehen.

Fortschritt: Die Arbeit an den eigenen Schwächen und ihre Überwindung ermöglicht ein gesünderes und längeres Leben.

Er gewinnt ihre Aufmerksamkeit, indem er ihr ein lukratives Geschäft vorschlägt: Er will sich bei ihrer gemeinsamen Goldfabrikation um den Produktionsprozeß kümmern, und sie soll das Marketing und den Verkauf übernehmen. Pippa, die schon lange davon träumt, sich selbständig zu machen, willigt begeistert ein. Am nächsten Morgen bekommt der König einen noch größeren Goldbarren und verspricht Pippa, trunken vor Freude und Gier, sie zu heiraten, wenn sie nur noch einmal das Stroh in einem weiteren Raum in Gold verwandelt. Pippa, die gar nicht daran denkt, diesen dickbäuchigen Monarchen zu heiraten, verspricht zu tun, wie ihr geheißen. Als Rumpelstilzchen mit seinem Universalschlüssel wieder die Tür öffnet, erzählt sie ihm von den Plänen des Königs, und die beiden beschließen, noch in derselben Nacht in ein fernes Land zu fliehen. Zuvor jedoch verwandeln sie noch das restliche Stroh in Gold, um dem König ein Trostpflaster zu hinterlassen.

Fortschritt: Die Aussicht auf eine sichere finanzielle Zukunft macht es leicht, großzügig zu sein.

Später unterzieht Rumpelstilzchen sich einer Schönheitsoperation und heiratet Pippa, und wenn sie nicht gestorben sind, so leben sie noch heute glücklich und zufrieden.

Dornröschen

DIE BEKANNTE GESCHICHTE

Der König und die Königin eines Landes sind untröstlich, weil sie alles haben, was sie sich wünschen, aber keine Kinder haben können. Sie versuchen jahrelang, ein Kind zu bekommen, gehen von Arzt zu Arzt, aber niemand kann ihnen helfen. Schließlich geben sie die Hoffnung auf und beschließen, auf den Bermudas Ferien zu machen. Nach ihrer Rückkehr stellen sie zu ihrer größten Freude fest, daß die Königin schwanger ist, und neun Monate später wird ein gesundes Mädchen geboren. Zur Taufe lädt das königliche Paar alle Feen ein, die sie in ihrem Land finden können, denn jede von ihnen soll der kleinen Prinzessin einen guten Wunsch mit auf den Weg geben. Doch während des Festes fliegt plötzlich die Tür auf, und eine achte Fee rauscht herein. Sie schäumt vor Wut, weil sie nicht eingeladen wurde. Der König und die Königin entschuldigen sich bestürzt und versuchen, die beleidigte Fee zu besänftigen, aber es ist zwecklos. Sie verhängt einen Fluch über die Prinzessin und sagt, das Mädchen würde sich eines Tages an einer Spindel stechen und sterben. Glücklicherweise hat die siebente Fee ihren guten Wunsch noch nicht ausgesprochen, aber anstatt den Fluch der bösen Fee sofort aufzuheben, sagt sie in ihrer Nervosität, die Prinzessin werde nicht sterben, sondern in einen tiefen, hundert Jahre dauernden Schlaf fallen, aus dem sie am Ende ein Königssohn erlösen solle. Das königliche Paar ist außer sich vor Schmerz, und der König erläßt ein Gesetz, wonach alle Spindeln des Landes vernichtet werden müssen.

Sechzehn Jahre lang geht alles gut, aber eines Abends, als ihre Eltern sich auf einer Wohltätigkeitsveranstaltung befinden, beschließt die Prinzessin, den Ostflügel des Schlosses zu erkunden und steigt in den Turm hinauf. Dort findet sie eine kleine alte Frau, die damit beschäftigt ist, mit einer Spindel Garn zu spinnen. Die Prinzessin ist natürlich von der Spindel fasziniert, weil sie so etwas noch nie gesehen hat. Als sie jedoch selbst versucht zu spinnen, sticht sie sich in den Finger und fällt in einen tiefen Schlaf. Als ihre Eltern nach Hause kommen und sehen, was geschehen ist, sind sie untröstlich. Die siebente Fee schwenkt ihren Zauberstab über allen, und der König und die Königin und der gesamte Hofstaat sinken ebenfalls in tiefen Schlaf.

Als hundert Jahre ins Land gegangen sind, verirrt sich ein fremder Königssohn auf der Jagd und entdeckt das hinter einem dichten Wall aus Dornenhecken verborgene Schloß. Seine Freunde wollen ihn zurückhalten, weil sie glauben, daß auf dem Schloß ein Fluch lastet, aber ein sehr alter Mann erzählt dem Königssohn, daß hinter den Schloßmauern eine wunderschöne Prinzessin schläft, und so beschließt der Prinz, zu tun, was ein Mann tun muß. Er befiehlt seinen Männern, eine Schneise in die Hecken zu schlagen, damit er sich nicht seine Designerkleidung ruiniert, und steht plötzlich vor dem Tor des Schlosses, das nur angelehnt ist. Er betritt den Hof und beginnt, das Schloß nach der Prinzessin zu durchsuchen. Da es viele Gebäude und Flügel und unzählige Zimmer hat, braucht er eine gewisse Zeit, aber nach zwei Wochen findet er endlich die Prinzessin. Er küßt sie, und sie erwacht und verlangt nach dem Frühstück. Da der Prinz es nicht gewohnt ist, irgendwelche Haushaltspflichten zu übernehmen, muß er noch alle Küchenmädels wachküssen, und die Prinzessin wird ganz wütend. Doch gleich darauf vertragen sie sich wieder, und wenn sie nicht gestorben sind, so leben sie noch heute glücklich miteinander.

DIE FORTSETZUNG

Was wäre geschehen, wenn Prinzessin Zoe dem Fluch der bösen Fee noch weitere zehn Jahre entgangen wäre? Sie hätte sich zweifellos zu einer sehr hübschen jungen Frau entwickelt, deren viele Verehrer die gepflasterte Schloßauffahrt Tag und Nacht mit ihren Sportautos blockiert hätten. Inzwischen hätten die Klatschkolumnisten angefangen, darüber zu spekulieren, wer denn der Glückliche sein würde, und die Wettbüros hätten Hochkonjunktur gehabt. Doch Zoe hat noch gar nicht die Absicht zu heiraten. Sie verbringt ihre Zeit lieber damit, in den Antiquitätenläden der Gegend nach schönen Stücken zu stöbern.

Die alte Frau, die im Turm des Ostflügels gearbeitet hatte, ist inzwischen pensioniert worden und lebt jetzt in einem Altersheim an der Küste. Alle sind glücklich und zufrieden, und der seltsame Zwischenfall, der sich seinerzeit bei der Taufe ereignete, ist längst vergessen. Eines Tages, als Prinzessin Zoe in einem Second-Hand-Laden in einer alten Kiste herumstöbert, entdeckt sie eine alte Spindel. Sie beschließt, sie zu kaufen, ohne zu wissen, was sie da eigentlich in der Hand hält. Als sie die Spindel nach Hause bringt und ihrer Mutter zeigt, schreit diese entsetzt auf, denn sie erinnert sich plötzlich an den Fluch. Aufgeregt versucht die Königin, Zoe die Spindel zu entreißen, aber die will ihre Errungenschaft nicht hergeben, und so geschieht es, daß sich die Königin bei dem Gerangel selbst in den Finger sticht. Als Zoe das Blut aus dem Finger ihrer Mutter quellen sieht, wird sie ohnmächtig und bricht in den Armen ihres Leibwächters zusammen. Die Königin ist untröstlich, der König verzweifelt. Sie versuchen es mit Mund-zu-Mund-Beatmung, kaltem Wasser, Riechsalz und Zoes Lieblingsmusik, aber Zoe bleibt bewußtlos. Der königliche Leibarzt diagnostiziert einen Schock und empfiehlt strikte Bettruhe.

Zehn Jahre vergehen, und Zoe liegt immer noch im Koma. Sie wird nur dadurch am Leben erhalten, daß man ihr ihre Lieblingsspeisen, wie Spaghetti Bolognese und Gehacktes per Infusion verabreicht. Um sie herum verändert sich alles – neue Dienstboten treten ihre Stelle an, andere werden pensioniert oder sterben, aber Zoes Zustand bleibt der gleiche.

Fünfzig Jahre später sind alle Schloßbewohner gestorben – auch die Gärtner – und das Grundstück beginnt rasch zu verwildern. Büsche und Hecken wachsen wild und bilden nach einiger Zeit einen dichten Wall um das Schloß herum. Ein ausländischer Prinz, der eines Tages auf der Durchreise vorbeikommt, möchte gern das Schloß besichtigen, das in seinem Reiseführer verzeichnet ist. Nachdem er die von Sträuchern überwucherte Auffahrt entdeckt hat, holt er seine elektrische Heckenschere aus dem Kofferraum seines Landrovers und macht sich an die Arbeit. In weniger als einem Tag gelingt es ihm, eine Schneise in das Dickicht zu schneiden, so daß er mit seinem Wagen bis zum Schloß fahren kann.

Fortschritt: Moderne Technik ist wertvoll. Zeit ist schließlich Geld!

Mit Hilfe seines Reiseführers kann er das Schlafzimmer der Prinzessin sofort lokalisieren. Er kommt gerade noch rechtzeitig, um die Prinzessin wachzuküssen, bevor die letzte Infusionsflasche verbraucht ist. Als Zoe ihre Augen aufschlägt, schaut sie in das Gesicht des schönen Fremden, der dank seiner guten Schulbildung in der Lage ist, sich mit der Prinzessin fließend in ihrer Sprache zu unterhalten.

Fortschritt: Das Beherrschen von Fremdsprachen fördert und verbessert die Völkerverständigung.

Es ist Liebe auf den ersten Blick. Sie heiraten und machen aus dem Schloß ein Fünf-Sterne-Hotel, das soviel Gewinn abwirft, daß sie nie mehr arbeiten müssen (was sowieso ihrer Gewohnheit entspricht), und wenn sie nicht gestorben sind, so leben sie noch heute glücklich und zufrieden.

Hänsel und Gretel

DIE BEKANNTE GESCHICHTE

Ich möchte diese Gelegenheit nutzen, um eine Geschichte zu korrigieren, die seit vielen Jahren in Kinderbüchern völlig falsch wiedergegeben wird. Sie kennen sicher die Version, bei der zwei Kinder von ihren Eltern allein im Wald zurückgelassen werden, weil die Familie so arm ist, daß sie nicht genug zu essen haben. Nach einem ersten erfolglosen Versuch, die Kinder loszuwerden, gelingt den Eltern ihr Vorhaben, und die Kinder verirren sich so tief im Wald, daß sie nicht mehr nach Hause zurückfinden. Sie irren einige Tage im Wald umher, bis sie schließlich zum Lebkuchenhaus einer bösen Hexe gelangen. Die Kinder fangen an, Stücke aus dem Haus herauszubrechen und zu essen, denn sie sind furchtbar hungrig. Die Hexe lockt Hänsel und Gretel mit freundlichen Worten ins Haus und wiegt sie in Sicherheit, nur um ihnen später klarzumachen, daß sie beabsichtigt, Hänsel zu verspeisen, nachdem sie ihn noch ein wenig gemästet hat. Sie sperrt Hänsel in einen Käfig und prüft täglich nach, ob er zugenommen hat, indem sie seinen Finger befühlt. Aber der schlaue kleine Kerl hat bemerkt, daß die Hexe kurzsichtig ist, und hält ihr statt seinem Finger einen dünnen Knochen hin. Nach einiger Zeit verliert die Hexe die Geduld und beschließt, ihn so zu verspeisen, wie er ist, aber es gelingt Gretel, die Alte in den Herd zu stoßen und zu töten.

Die Kinder laufen, geführt von den Tieren des Waldes, nach Hause. Im Hause der Hexe haben sie kostbare Juwelen gefunden, die ihnen und ihren Eltern von nun an ein sorgloses und glückliches Leben ermöglichen.

WAS WIRKLICH GESCHAH

Hänsel und Gretel sind zwei Teenager, die ihre Mutter bereits in den zweiten Nervenzusammenbruch und ihren Vater in den Alkoholismus getrieben haben. Zwei unausstehliche Mittelklasse-Gören, die ständig die Schule schwänzen, stehlen und mit Drogen experimentieren. Eines Tages beschließen Hänsel und Gretel einen Tagesausflug auf ihren Motorrädern zu machen, ohne ihren Eltern Bescheid zu sagen, doch die sind gar nicht so traurig über das plötzliche Verschwinden ihres Nachwuches. Zu ihrer großen Enttäuschung werden die beiden Jugendlichen am nächsten Tag von der Polizei zurückgebracht, weil sie im Supermarkt beim Stehlen erwischt wurden. Indem sie den Teenagern wiederholt verbieten, das Haus zu verlassen, gelingt es den Eltern, Hänsel und Gretel wieder zum Ausreißen zu verleiten. Diesmal fahren die beiden aufs Land und erschrecken Waldtiere und Ausflügler mit der lauten Musik aus ihrem Kasettenrecorder. Gerade als sie so richtig hungrig werden, kommen sie zu einem kleinen weißen, sehr gepflegten Haus, das von einem Garten voller Blumen und biologisch angebautem Gemüse umgeben ist. Sie gehen zur Eingangstür und rufen und klopfen so lange, bis eine kleine alte Frau mit einem Hörgerät erscheint und sie höflich nach ihrem Begehren fragt. Hänsel und Gretel verlangen nach Hamburgern und Pommes Frites mit Ketchup und zwei Flaschen Bier, denn sie sind hungrig und durstig. Da Hänsel schon einen Fuß in der Tür hat, muß die alte Dame sie einlassen, und die Teenager stapfen ins Wohnzimmer. Sie denken nicht daran, ihre schmutzverkrusteten Stiefel abzuputzen und hinterlassen überall Spuren auf dem gewienerten Parkett. Sie bedienen sich aus der Obstschale, ohne zu fragen, legen die Füße auf den Tisch und putzen sich die Nase mit dem Tischtuch, während die alte Dame sich beeilt, den beiden eine warme Mahlzeit zuzubereiten. Sie beobachtet entsetzt, wie sich die Jugendlichen mit beiden Ellbogen auf dem Tisch über ihre Teller hängen, laut die Suppe schlürfen und mit vollem Mund reden. Als sie die Mahlzeit beendet haben, fängt Hänsel an, laut zu rülpsen, um die alte Frau abzulenken, während Gretel das Sparschwein von der Anrichte nimmt und noch ein paar Schmuckstücke aus einer Schublade mitgehen läßt. Sie gehen, ohne sich zu bedanken und knallen die Tür hinter sich zu. Als sie nach Hause kommen, stellen sie fest, daß ihre Eltern weggezogen sind, ohne ihre Adresse zu hinterlassen.

DIE FORTSETZUNG

Stellen wir uns einmal vor, was zehn Jahre später geschieht. Hänsel und Gretel sind jetzt Mitte zwanzig und noch die gleichen Taugenichtse wie vor zehn Jahren. Aufgrund ihrer häufigen Abwesenheit vom Schulunterricht haben beide keinen ordentlichen Schulabschluß und arbeiten jetzt als Immobilienmakler. (An alle Immobilienmakler! Dies ist nur ein Märchen.) Sie fanden sich in der demütigenden Situation wieder, sich um Arbeit bemühen zu müssen, weil ihre Eltern es kategorisch ablehnten, aus ihrem Ferienhaus an der Costa del Sol zurückzukehren, um ihren Nachwuchs finanziell zu unterstützen.

Fortschritt: Finanzielle Probleme fördern die persönliche Entwicklung.

Zu ihrer großen Erleichterung stellen Hänsel und Gretel jedoch fest, daß sie eine Menge Geld mit einem Minimum an Aufwand verdienen können. So schließen sie an einem Mittwoch ihr Büro, um eine Spritztour mit ihrem nagelneuen BMW-Geschäftswagen zu unternehmen. Während sie über die Landstraße rasen, entdecken sie bei einem kleinen Waldstück plötzlich ein wunderschönes kleines Häuschen. Spontan beschließen sie, dem Eigentümer einen Besuch abzustatten, und zu versuchen, ihm das Haus für einen geringen Preis abzuschwatzen, damit sie es später für ein Vielfaches verkaufen und einen satten Gewinn einstreichen können. Um den Wert ihres zukünftigen Besitzes nicht zu schmälern, beschließen sie zu läuten, anstatt die Tür einzutreten, wie sie es vor zehn Jahren taten.

Fortschritt: Gute Manieren fördern Geschäftsbeziehungen.

Kurz darauf wird die Tür von einer kleinen alten Dame geöffnet. Sie erkennt in ihren Besuchern sofort die schrecklichen Jugendlichen, die seinerzeit ihr Eßzimmer ruinierten. Sie bittet sie herein und führt sie durch das Haus, nachdem die beiden höflich darum gebeten haben. Beim Betrachten der Zimmer machen Hänsel und Gretel absichtlich abfällige Bemerkungen über den Zustand des Hauses, damit sie später den Preis ordentlich drücken können. Sie bemäkeln den Zustand der Teppichböden, der Wände, der Kücheneinrichtung und der Fensterrahmen und machen sich gegenseitig darauf aufmerksam, daß die Decke des Eßzimmers gestrichen werden müßte und die Wände neue Tapeten bräuchten. Nachdem sie sich lange schweigend alles angehört hat, räumt die alte Dame ein, daß das Eßzimmer mit neuen Tapeten und einem frischen Anstrich wirklich viel besser aussehen würde. Sie bittet ihre Besucher einen Moment Platz zu nehmen, denn sie möchte ihnen etwas bringen. Hänsel und Gretel reiben sich schon die Hände ob ihres Triumphes, denn sie sind sicher, daß sie den Abschluß schon in der Tasche haben. Als die alte Dame zurückkehrt, trägt sie Rolle um Rolle neuer Tapeten und einige Eimer weißer Farbe (Farbton Apfelblüte, matt) herein. Sie baut alles vor Hänsel und Gretel auf und erklärt ihnen, daß sie ihr wohl eine Gefälligkeit schuldig sind.

Fortschritt: Wenn man Forderungen an andere stellt, wird man nicht mehr so leicht ausgenutzt.

Sie erinnert die beiden an ihr unverschämtes Verhalten von damals, als sie ihnen freundlich ein Drei-Gänge-Menü vorsetzte und weist sie darauf hin, daß die Spritzer des Tomatenketchups noch heute an der Eßzimmerwand zu sehen sind. Sie meint, es sei nur gerecht, wenn die beiden das jetzt wiedergutmachen und die Wände neu tapezieren würden, denn sie selbst sei zu alt für diese Arbeit. Hänsel und Gretel bleibt bei diesem Vorschlag erst einmal die Sprache weg, aber dann brechen sie in herzhaftes Gelächter aus. Nie im Leben werden sie das tun! Die kleine alte Dame verläßt wortlos das Zimmer und kehrt mit ihren beiden Rottweilern zurück, die so groß wie junge Kühe sind, aber wesentlich weniger freundlich aussehen. Als sie sich Hänsel und Gretel nähern, fangen sie unangenehm zu knurren an und hören erst auf, als die beiden nach den Farbbürsten greifen. Die ganze Zeit, während Hänsel und Gretel die alte Tapete abkratzen und die neue ankleben, lassen die Hunde sie nicht aus den Augen und knurren nur hin und wieder, wenn die beiden unfreiwilligen Arbeiter es wagen, sich für einen Moment hinzusetzen. In der Zwischenzeit macht die alte Dame einen Ausflug im BWM ihrer Besucher und genießt das gute Wetter und die schöne Landschaft.

Fortschritt: Haustiere garantieren schöne Stunden.
Jeder sollte eines haben.

Als sie zurückkehrt, sind die Eßzimmerwände fertig und Hänsel und Gretel ebenfalls. Sie dankt ihnen freundlich für ihre Hilfe und schickt sie nach Hause.

Am nächsten Morgen ruft sie einen anderen Makler an, um ihr verschönertes Haus zum Verkauf anzubieten.

TEIL II

Viele Menschen sind mit ihrer gegenwärtigen Lebenssituation unzufrieden. Ihre Arbeit langweilt oder frustriert sie, sie fühlen sich über- oder unterfordert oder sehen in ihrer gegenwärtigen Position keine Möglichkeit, ihr gesamtes Potential zu entfalten. Andere sind unglücklich in ihrer Beziehung und würden sich am liebsten von ihrem Partner trennen. Wieder anderen behagt es nicht, daß sie immer noch bei ihren Eltern leben. Warum aber tun all diese Menschen nichts, um die Situation, die sie unglücklich macht, zu verändern? Es ist doch nichts einfacher, als sich eine Zeitung zu kaufen und nach einer neuen Stelle zu suchen! Oder seine sieben Sachen zu packen und auszuziehen! Und trotzdem verplempern diese Menschen ihre Lebenszeit und bleiben, wo sie sind – manchmal jahrelang –, bevor sie einen Schritt vorwärts machen. Sie warten und hoffen, daß die Dinge und Menschen um sie herum sich ändern, damit sie dieser Last, eine eigene Entscheidung treffen zu müssen, enthoben werden. Es erinnert ein wenig an den Betrunkenen, der auf dem Gehweg steht, seinen Schlüssel vor sich in die Luft streckt und auf die Frage, was er denn da mache, antwortet: »Ich habe gehört, daß die Erde sich dreht. Ich warte hier, bis mein Haus vorbeikommt.« Es scheint manchmal sehr gefährlich, aktiv Veränderungen einzuleiten. Es besteht ja immer die Möglichkeit, daß wir die falsche Wahl treffen oder daß die neue Situation noch unerträglicher ist als die alte. Wenn doch nur jemand einen Zauberstab für uns schwenken könnte ...

In der altbekannten Situation zu verbleiben, scheint in Anbetracht all der Unwägbarkeiten, die mit den neuen Möglichkeiten verbunden sind, so viel sicherer zu sein. Keine Ausrede ist uns zu fadenscheinig, um diese Veränderung aufzuschieben oder jene Entscheidung zu vertagen.

Betrachten wir uns einige dieser Ausreden doch einmal etwas genauer.

6

DER MYTHOS VOM RICHTIGEN ZEITPUNKT

Barbara war über beide Ohren in Graham verliebt. Sie liebte ihn, weil er zärtlich und verständnisvoll war und weil man so viel Spaß mit ihm haben konnte. Sie wünschte sich nichts sehnlicher, als mehr Zeit mit ihm verbringen zu können. Leider war ihr das nicht möglich, denn sie war immer noch mit John verheiratet. Ihre Ehe bestand seit zwei Jahren nur noch auf dem Papier. Es war eine Jugendliebe gewesen, und sie hatten sehr jung geheiratet, weil Barbara ein Kind erwartet hatte. Ein paar Jahre später folgte das zweite Kind, aber die Ehe wurde bald langweilig und schal.

Sie entwickelten sich in verschiedene Richtungen und merkten, daß sie einander nichts mehr zu sagen hatten. Jeder von ihnen lebte in seiner eigenen einsamen Welt, und nur die Kinder, die inzwischen zu Jugendlichen herangewachsen waren, hielten sie noch zusammen. Da traf sie Graham, der im gleichen Beruf arbeitete wie sie. Sie fühlten von Anfang an eine starke Verbundenheit, konnten über alles offen miteinander reden und spürten eine nie gekannte Harmonie miteinander. Graham bat Barbara, mit ihm zu leben, und sie versprach, ihren Mann zu verlassen – nur im Augenblick sei es schlecht möglich, weil ihr Sohn sich gerade auf ein Examen vorbereite und sie ihn nicht durcheinanderbringen wolle. Graham war verständnisvoll und wartete geduldig, schließlich würde die Prüfung in sechs Monaten vorüber sein. Als Barbaras Sohn sein Examen bestanden hatte, kam Graham auf das Thema zurück und bat Barbara, ihrem Mann zu sagen, daß sie ihn verlassen würde. Barbara hatte jedoch das Gefühl, daß dies ein sehr ungeeigneter Moment sei, denn ihr Mann mußte geschäftlich für einige Zeit ins Ausland. Sie versprach, sofort nach seiner Rückkehr mit ihm zu sprechen. Doch als er zurückkam, konnte sie es ihm auch nicht sagen, weil sie ihm die Rückkehr nicht verderben wollte, und außerdem meinte sie, daß ihre fünfzehnjährige Tochter zu jung sei, um eine Trennung zu verkraften. Graham versicherte ihr, daß er sich freuen würde, wenn Barbaras Tochter bei ihnen lebte, aber Barbara gefiel diese Vorstellung nicht.

Graham wartete vier Jahre und entschloß sich dann, eine angebotene Stelle im Ausland anzunehmen. Er hatte die Hoffnung aufgegeben, daß Barbara jemals den Sprung wagen würde, sich von ihrem Mann zu trennen. Barbara war zutiefst unglücklich darüber, daß Graham sich entschieden hatte zu gehen, wo es doch nur noch zwei Jahre dauern würde, bis ihre Tochter mit der Schule fertig war – dann würde sie John ganz bestimmt verlassen – vorausgesetzt natürlich, er machte zur fraglichen Zeit nicht gerade eine berufliche Krise durch. Ein halbes Jahr später verließ John Barbara wegen einer anderen Frau.

Barbara hatte auf den »richtigen Zeitpunkt« gewartet, um John und die Kinder vor vollendete Tatsachen zu stellen. Sie wollte es nicht tun, wenn sich irgendein Mitglied ihrer Familie in einer schwachen oder verletzlichen Position befand. Aber sie wollte es auch nicht tun, wenn es allen gut ging, wie zum Beispiel bei Johns Rückkehr aus dem Ausland. Barbara wollte nicht die Verantwortung dafür übernehmen, ihre Familie vielleicht traurig zu machen, denn dann hätte sie das Zusammensein mit Graham nicht genießen können. Wäre sie ehrlich zu sich selbst gewesen, dann hätte sie sich eingestehen müssen, daß es für sie einfach eine zu erschreckende Vorstellung war, John mit ihrer Trennungsnachricht zu konfrontieren. Sie hatte sich davor gefürchtet, seinen Schmerz und seine Wut aushalten zu müssen. Und sie hatte sich auch vor der unbekannten Zukunft gefürchtet und wußte nicht, wie sie es ertragen hätte, ohne Kinder zu sein. Sehr oft verschleiert die Ausrede, den richtigen Zeitpunkt abwarten zu müssen, nur die Angst vor dem Schritt in eine neue Richtung, selbst wenn dieser Schritt auf lange Sicht ein glücklicheres Leben verspricht.

Zweifellos erfordert es großen Mut, seine gewohnte Umgebung zu verlassen, und manchmal kann nur extremer Druck von außen einen Menschen dazu bringen, das zu tun. Selbst dann gibt es keine Garantie dafür, daß die neue Situation tatsächlich besser sein wird als die alte, aber das Leben hält nun einmal keine Garantien, sondern Möglichkeiten für uns bereit. Wenn man Entscheidungen oder Veränderungen ständig vor sich herschiebt, werden die Dinge nicht nur komplizierter, sondern auch das eigene Unglück wird unnötig verlängert. Je länger man eine unerträgliche Situation erduldet, desto schwerer wird es, sich daraus zu lösen. Janet, eine junge Mutter zweier kleiner Kinder war wütend auf ihren Mann, weil er sie an mehreren Abenden in der Woche allein ließ, um in seinen Fitneßclub zu gehen. Da er ohnehin schon beruflich viel unterwegs war, spürte Janet, daß die ganze Last des Haushalts und der Kindererziehung allein auf ihren Schultern lag. Sie wünschte sich mehr Unterstützung von ihrem Mann. Außerdem wäre sie gern selbst einmal ausgegangen, aber sie hatte kein gutes Gefühl bei der Vostellung, ihre Kinder einem Babysitter zu überlassen. Sie war unglücklich, weil ihr Mann nicht »seinen Teil trug« – wie sie es ausdrückte –, wenn es um die Verantwortung für die Kinder ging. Vor der Geburt der Kinder war Janet sehr aktiv gewesen; sie war viel gereist und hatte sich oft mit Freunden getroffen. Jetzt fühlte sie sich von ihren sozialen Kontakten abgeschnitten und war sehr unzufrieden mit ihrer Situation. Sie hatte das Gefühl, daß ihr Mann sich eine schöne Zeit machte, während sie tagein, tagaus durch die Kinder ans Haus gefesselt war. Sie hatte jedoch von Anfang an die häufige Abwesenheit ihres Mannes toleriert, denn sie wollte nicht an ihm herumnörgeln. Außerdem liebte sie ihn, und sie wußte, daß sie sich mit der Zeit an die Situation gewöhnen würde, aber das Gegenteil war der Fall. Nach drei Jahren war Janet ständig gereizt und ungeduldig mit den Kindern und spürte feindselige Gefühle ihrem Mann gegenüber, obwohl sie angestrengt versuchte, tolerant zu sein und ihre Wut zu unterdrücken. Manchmal erwähnte sie ihre Unzufriedenheit, aber sie wurde nie aktiv, um einen freien Abend für sich selbst zu organisieren. Vielleicht wenn die Kinder größer wären ... In der Zwischenzeit wurde sie immer ruheloser und launischer, und die Beziehung zu ihrem Mann verschlechterte sich rapide.

Als Janet zum ersten Mal zu mir kam, drückte sie ihre große Wut aus, die sie darüber empfand, daß ihr Mann so oft außer Haus war. Als wir ihre Situation etwas genauer untersuchten, stellte sich jedoch heraus, daß ihr Hauptproblem darin bestand, daß sie glaubte, eine schlechte Mutter zu sein, wenn sie ihre Kinder einem Babysitter anvertraute, anstatt selbst auf sie aufzupassen. Außerdem meinte sie, sie müsse zu Hause sein, wenn ihr Mann abends von der Arbeit kam. Wir stellten also zunächst einmal fest, daß ihre eigene Unzufriedenheit auch ihre Familie unglücklich machte und daß sie, um eine gute Ehefrau und Mutter zu sein, nach ihrem eigenen Glück streben mußte. Sie tat niemanden einen Gefallen damit, daß sie weiterhin unzufrieden war. Also mußte sie ihr Leben so gestalten, daß es ihr Spaß machte, und der erste Schritt in diese Richtung bestand darin, sich einen Freiraum zu schaffen, der ihr erlaubte, auch einmal von zu Hause fort zu sein. Sie sprach mit ihrem Mann über ihr Vorhaben, und zu ihrer Überraschung war er sofort kooperativ. Er stimmte zu, die Kinder an einem Abend in der Woche zu hüten. Er sah auch kein Problem darin, einen Babysitter zu engagieren, sollte er einmal keine Zeit haben. Bei dieser Gelegenheit hatte das Paar eine intensive Aussprache, und sie beschlossen, mehr Zeit als Familie miteinander zu verbringen. Janet achtete darauf, daß sie von nun an mindestens einen Abend pro Woche frei hatte, um Freunde zu besuchen oder ins Kino zu gehen. Sie berichtete mir, daß sie sich dadurch schon viel besser fühlte. Sie war entspannter und optimistischer geworden, und sie fragte sich, warum sie diesen Schritt nicht schon vor drei Jahren gemacht hatte.

Was wäre geschehen, wenn sie weiterhin auf den »richtigen Zeitpunkt« gewartet hätte? Hätte sie sich schließlich irgendwann daran gewöhnt, an Haus und Kinder gefesselt zu sein? Ich bezweifle das sehr stark, wenn ich daran denke, in welchem Zustand Janet war, als sie das erste Mal zu mir kam.

Wann wäre überhaupt der »richtige Zeitpunkt« gewesen? Bei der Einschulung der Kinder? Wenn die Kinder über zehn gewesen wären? Wie bestimmt man den »richtigen Zeitpunkt«? Wieviele Gründe man auch finden mag, die *für* einen bestimmten Zeitpunkt sprechen – man kann mit Sicherheit ebenso viele finden, die *dagegen* sprechen. Mit anderen Worten, man kommt um eine Entscheidung nicht herum.

Ein »richtiger Zeitpunkt« als solcher existiert nicht, und deshalb macht es keinen Sinn, darauf zu warten. Wirklich real sind Ihre Gefühle, und wenn diese negativ sind und Sie anfangen, sich unglücklich zu fühlen, dann ist der Zeitpunkt gekommen, etwas zu unternehmen.

7

DER MYTHOS VON DER SICHERHEIT

Menschen wehren sich oft gegen Veränderungen, weil sie Angst vor dem haben, was auf sie zukommen könnte. Ganz gleich, wie stumpfsinnig die Arbeit, wie unbefriedigend die Beziehung – es scheint sicherer, in der alten Situation zu verharren, als auf neues Gebiet vorzustoßen, selbst wenn die neue Möglichkeit Besseres bereitzuhalten scheint als der gegenwärtige Zustand. Der sprichwörtliche »innere Schweinehund« hat größere Macht über uns, als wir zuzugeben wagen.

Oft verbirgt sich der Widerstand, einen frustrierenden Arbeitsplatz zu verlassen, hinter der Ausrede, man wolle »es durchstehen«, darauf warten, daß sich die Umstände ändern, hoffen, daß der Chef eines Tages unseren Wert erkennt und uns eine Beförderung anbietet. Aber irgendwie passiert es nie. So bleibt man ein weiteres Jahr, wartet und hofft und – nichts geschieht. Bob hatte genau das gerade erlebt. Er war Assistent der Abteilungsleiterin in der Kundendienstabteilung einer großen Firma und leitete die Abteilung schon zwei Jahre lang selbständig, weil seine Chefin sehr häufig wegen Krankheit fehlte. Bob hatte drei Untergebene, und er erwies sich als ausgezeichneter Organisator und kompetenter Abteilungsleiter. Er war bei allen beliebt und hatte in den drei Jahren, seit er für die Firma arbeitete, exzellente Führungsqualitäten bewiesen. Er war jedoch recht unzufrieden mit seinem Gehalt, da es seinen Leistungen und der Verantwortung, die er zu tragen hatte, nicht angemessen war. Selbst als er während der Abwesenheit seiner Chefin deren Platz einnahm, wurde sein Gehalt weder aufgestockt, noch vergütete man ihm die häufigen Überstunden. Dennoch entschied Bob sich dafür, bei der Firma zu bleiben, weil es trotz allem ein sicherer Job war. Er wollte auch abwarten, was geschehen würde, wenn seine Chefin in acht

Monaten in den Ruhestand trat. Alle waren sicher, daß man ihm die Stelle anbieten würde.

Als es dann soweit war, wurde er nicht einmal zu einem Vorstellungsgespräch eingeladen. Statt dessen stellte die Firma einen neuen Mitarbeiter ein, der der Abteilung eines Montagmorgens als neuer Chef präsentiert wurde. Zu all dem wurde Bob bei einer Umstrukturierung der Abteilung wieder zum einfachen Mitarbeiter degradiert – er verlor also seine Position als Direktionsassistent. Endlich entschloß er sich, die Firma zu verlassen. Er war wütend und enttäuscht, daß er so viele wertvolle Jahre vertan hatte, die er anderswo zum Aufbau seiner Karriere hätte nutzen können.

Shirley trat ihre neue Stelle mit großer Begeisterung an, denn der Arbeitsplatz versprach eine interessante und abwechslungsreiche Tätigkeit. Schon bald fühlte sie sich in der Firma wohl und lernte eifrig alles, was es zu lernen gab. Sie genoß die Herausforderung, die ihre neue Position bot. Nach einem Jahr verließ ihr Chef die Firma und wurde durch einen neuen Manager ersetzt, der beschloß, die Abteilung völlig neu zu strukturieren. Unter anderem entschied er sich, einige Bereiche, die Shirley bis dahin völlig selbständig bearbeitet hatte, einem anderen Mitarbeiter zu übertragen, so daß für Shirley nur noch reine Sekretariatsarbeiten, wie Tippen, Ablage und die Verwaltung seines Terminkalenders übrigblieben. Shirley war aufgebracht und fühlte sich degradiert, obwohl sie weiterhin das gleiche Gehalt bezog.

Schließlich nahm sie allen Mut zusammen und sprach mit ihrem Chef über die Situation, aber der wischte ihre Argumente einfach vom Tisch. Shirley war entmutigt und fühlte sich gedemütigt. Sie hatte das Gefühl, nicht anerkannt zu werden; die Leistungen, die sie in der Vergangenheit erbracht hatte, wurden einfach ignoriert. Sie beklagte sich bitter bei ihren Freunden und Kollegen und wurde von Tag zu Tag depressiver, denn sie hatte die Hoffnung auf eine positive Veränderung aufgegeben. Trotzdem wollte sie sich nicht nach einer anderen Stelle umsehen. Schließlich kannte sie ihren gegenwärtigen Arbeitsbereich in- und auswendig, wenngleich er ziemlich langweilig war. Nach drei Jahren wurde die gesamte Abteilung stillgelegt, und Shirley und ihr Chef wurden entlassen.

Eine unbefriedigende berufliche Situation kann zu großer Verzweiflung führen. Die meisten Menschen werden ungeduldig und wütend, wenn sie merken, daß ihre Fähigkeiten übersehen oder nicht gewürdigt werden, und wenn ihre Leistung nicht belohnt wird. Vielleicht sprechen sie sogar mit ihrem Chef über die Angelegenheit, der auch verspricht, sich der Sache anzunehmen, aber nur allzuoft geschieht dann gar nichts. Viele trauen sich nicht, die Sache noch einmal anzusprechen, weil sie fürchten, als Querulanten abgestempelt zu werden. Manch ein Magengeschwür oder Nervenzusammenbruch geht auf das Konto unterdrückter Wut und Frustration und könnte vermieden werden, wenn die Betroffenen den Mut aufbrächten, ihre Sache weiterhin zu vertreten oder nach einer neuen Stelle Ausschau zu halten. Obwohl sie ihrer Arbeit überdrüssig sind, wollen sie nicht die vermeintliche Sicherheit aufs Spiel setzen, die ihr Arbeitsplatz ihnen bietet. Sie übersehen allerdings, daß diese Sicherheit eine Illusion ist.

Der Preis, den Sie dafür zahlen, daß Sie in einer quälenden Situation verharren ohne aktiv nach einer Lösung zu suchen, ist hoch. Es kann Sie Ihre Gesundheit und im Extremfall Ihr Leben kosten. Wenn Streß sich über einen langen Zeitraum aufbaut, ohne aufgelöst werden zu können, kann das zu Ihrem physischen oder emotionalen Zusammenbruch führen.

Es ist dabei unerheblich, ob der Streß durch eine berufliche oder private Situation verursacht wird. Solange Sie »Sicherheit« als Vorwand benutzen, um anstrengende Veränderungen zu vermeiden, graben Sie sich Ihr eigenes emotionales Grab.

Unzufriedenheit beeinträchtigt nicht nur Ihre Gesundheit, sondern unterminiert auch Ihr Familienleben, weil Sie Ihren emotionalen Aufruhr zwangsläufig mit nach Hause nehmen. Je unzufriedener Sie mit Ihrer Arbeitssituation sind, desto höher ist das Risiko, daß auch Ihre Beziehung zu Ihrem Partner in die Brüche geht. Wenn wir glauben, daß wir in Sicherheit sind, nur weil wir uns nicht bewegen, so ist das Selbstbetrug. Wir können jederzeit von unserem Arbeitgeber entlassen oder von unserem Partner verlassen werden, ohne selbst einen Fehler gemacht zu haben. Wir können immer auf einen schlechteren Posten versetzt werden, die Firma kann geschlossen werden. Alle diese Faktoren sind unserer Kontrolle entzogen. Wenn wir vermeiden, unsere Wünsche zu äußern, weil wir Angst haben, das Boot zum Schaukeln zu bringen und unseren »sicheren« Arbeitsplatz oder unsere »sichere« Beziehung zu gefährden, können wir uns schließlich in einer Situation wiederfinden, in der wir ständig Dinge tun, die wir eigentlich gar nicht wollen. Und obwohl uns der Job oder die Beziehung vielleicht noch sicher sind, sind es unsere Gesundheit und unser emotionales Wohlbefinden nicht mehr.

Es ist die persönliche Entscheidung eines jeden von uns, ob er chronisch unglücklich sein oder den Sprung in ein neues Abenteuer wagen und sich selbst glücklichere Lebensumstände schaffen will.

8

DER MYTHOS
VON DER BESCHEIDENHEIT

Dieses Thema scheint besonders Frauen anzugehen. Sehr oft
werden Frauen, die nach einer besseren beruflichen Position,
nach einer besseren Ausbildung oder besseren finanziellen Situation streben, mit großem Argwohn betrachtet. Selbst heute
noch werden Mädchen dazu erzogen, nett und anpassungsfähig
zu sein. Sie sollen dafür sorgen, daß andere sich wohl und
wichtig fühlen, um darauf hoffen zu können, als Dank dafür
gemocht oder geliebt zu werden. Man lehrt sie, nicht zu viele
Erwartungen zu haben und im Hintergrund zu bleiben.

Diese selbstbeschränkende Haltung kann zu einem großen
Hindernis auf dem Weg der beruflichen Entwicklung werden.
Wenn man das Gefühl hat, daß alle anderen besser sind und es
verdienen, mehr zu bekommen als man selbst, dann ist es sehr
unwahrscheinlich, daß man je nach einer besseren Position
streben wird – einfach weil man es furchtbar peinlich findet,
öffentlich dazu zu stehen, daß man sich selbst für kompetent
hält.

Irene hatte schon einige Zeit als Assistentin für einen Dozen-
ten an der Wirtschaftsoberschule gearbeitet, als sie hörte, daß
die Stelle eines Kursleiters frei werden sollte. Obwohl Irene
sicher war, daß sie den Anforderungen der Position gewachsen
sein würde, und obwohl sie schon darauf gewartet hatte, sich
beruflich zu verändern, wagte sie nicht, sich für die Stelle zu
bewerben, denn sie machte sich Sorgen darüber, was geschehen würde, sollte sie den Posten nicht bekommen. Es würde zu
sehr nach einem Tadel dafür aussehen, daß sie nicht wußte, wo
ihr Platz war. Sie war überzeugt davon, daß ihre Unbescheiden-
heit bestraft werden würde, wenn sie in einem Vorstellungsgespräch »zugab«, sich der Position gewachsen zu fühlen. Sie
entschloß sich also, auf die Bewerbung zu verzichten, und

stellte wenig später fest, daß man die Stelle einer jungen Frau übertragen hatte, die in Irenes Augen wesentlich weniger fähig war als sie selbst.

Auch das Thema »Gehaltserhöhung« wird aufgrund falscher Bescheidenheit oft zum Problem. Viele Firmen machen einmal jährlich ein Leistungsprofil von ihren Mitarbeitern, und das ist normalerweise mit einer Selbsteinschätzung verbunden. Besonders Frauen haben oft große Schwierigkeiten, sich darzustellen und ihren Chef darauf aufmerksam zu machen, daß sie effizient arbeiten und im vergangenen Jahr gute Leistungen erbracht haben. Frauen sind generell zurückhaltender als Männer, wenn es darum geht, eine Gehaltserhöhung zu fordern.

Caroline arbeitete seit mehreren Jahren für einen Reiseveranstalter. Sie war noch nie besonders glücklich mit ihrem Gehalt gewesen, und obwohl sie das Thema bei ihrem Chef einmal zaghaft angeschnitten hatte, war die Gehaltserhöhung, die ihr ihrer Meinung nach zustand, ausgeblieben.

Kürzlich hatte sie sich sehr aufgeregt, als sie erfuhr, daß eine neuangestellte Mitarbeiterin, die eine untergeordnete Position innehatte, ein höheres Gehalt bezog als sie selbst. Caroline war frustriert und wütend angesichts dieser Ungerechtigkeit, aber ihren Freunden gestand sie ein, daß sie unfähig war, ihrem Chef die eigenen Leistungen vor Augen zu führen. Lieber wollte sie das geringe Einkommen weiter in Kauf nehmen und sich nach einer neuen Stelle umsehen. Das ist jedoch die Strategie eines Verlierers, denn bei einem neuen Chef könnte sehr leicht das gleiche Problem wieder auftreten.

Wenn man beruflich etwas erreichen will, muß man lernen, ins eigene Horn zu blasen. Das bedeutet nicht, anzugeben oder sich über andere zu stellen – es bedeutet lediglich, aufzustehen, damit man beim Zählen nicht vergessen wird. Jeder hat seine individuellen Stärken, aber man muß sich ihrer auch bewußt sein, wenn man beruflich vorwärts kommen will. Das heißt nicht, daß man seine Schwächen unter den Teppich kehren soll – im Gegenteil. Es ist genauso wichtig, die eigenen Fehler zu kennen und an ihrer Überwindung zu arbeiten, aber wenn man wegen einer Beförderung oder Gehaltserhöhung vorspricht, muß man in der Lage sein, die eigenen Vorzüge ohne Zögern zu benennen. Es ist sehr unwahrscheinlich, daß der Personalchef oder der zukünftige Arbeitgeber an Sie glaubt, wenn Sie selbst nicht an sich glauben.

Die eigenen Leistungen und Stärken auf eine unaufdringliche Weise darzustellen, ist eine Kunst, die man lernen kann. Nur weil Sie Ihr Licht in den vergangenen zwanzig Jahren unter den Scheffel gestellt haben, brauchen Sie das nicht für den Rest Ihres Lebens zu tun. Wenn Sie den Wunsch haben, in Ihrem Beruf voranzukommen, sollten Sie sich nicht durch altmodische Ansichten daran hindern. Schauen Sie sich doch die Leute an, die Bescheidenheit als Tugend preisen. Es sind ausnahmslos entweder Menschen, die selbst im Leben nie etwas erreicht haben, oder solche, die befürchten, daß Ihr Aufstieg ihren eigenen behindern könnte.

Es ist völlig in Ordnung, dazu zu stehen, daß man seine Arbeit gut macht und erfolgreich ist. Ein Teil des Erfolges besteht nämlich darin, den eigenen Wert zu kennen und auch vermitteln zu können.

Es ist interessant zu sehen, wie schwer es Menschen fällt, über ihre Stärken zu sprechen. In meinen Streß-Bewältigungs-Seminaren teile ich normalerweise Fragebögen mit dem Titel »Was ich an mir selbst mag« aus. Die meisten Teilnehmer brauchen sehr lange, bis sie die erforderlichen drei positiven Eigenschaften zu Papier gebracht haben, während der Bogen mit dem Titel »Meine Fehler und Schwächen« sehr schnell von oben bis unten vollgeschrieben ist. Vielleicht sind wir uns unserer Schwächen stärker bewußt, weil wir als Kinder ständig auf sie hingewiesen wurden. Wir können jedoch auf jeden Fall lernen, uns selbst in einem positiveren Licht zu sehen und mehr Gewicht auf unsere Erfolge, statt auf unsere Niederlagen zu legen.

Es ist aber auch noch aus einem anderen Grund wichtig, eine lähmende, falsche Bescheidenheit zu überwinden: Es hilft uns, konstruktiver mit Kritik umzugehen. Niemand läßt sich gern auf seine Fehler und Schwächen aufmerksam machen, aber es gibt sehr große Unterschiede in der Art und Weise, wie Menschen mit Kritik umgehen. Manche ignorieren kritische Aussagen über ihre Person oder ihr Verhalten völlig, während andere am Boden zerstört sind. Das hängt ganz davon ab, wie stark das Selbstbewußtsein des einzelnen entwickelt ist. Wenn man aus einem Gefühl der Unfehlbarkeit heraus jegliche Kritik von vorn herein zurückweist, so deutet das auf einen ungesunden Mangel an Selbsterkenntnis und Bescheidenheit, genauso wie das fraglose Akzeptieren jeglicher Kritik auf übertriebene Demut hinweist. Es ist wichtig, daß Sie sich Ihrer eigenen Stärken und guten Seiten bewußt sind, denn sie bilden das Fundament für Ihr Selbstwertgefühl. Je solider diese Basis ist, desto besser wird sie standhalten, wenn Sie kritisiert werden.

Wenn jemand mit dem, was wir sagen oder tun, nicht einverstanden ist, so heißt das normalerweise, daß unsere Handlungen diesen Menschen aus irgendeinem Grund verunsichern oder ängstigen. Es bedeutet jedoch nicht, daß wir wertlos oder schlecht sind, weil wir jemandes Widerspruch ausgelöst haben. Solange unser Selbstwertgefühl intakt ist, können wir Kritik ruhig anhören und mit ihr umgehen, indem wir mit der anderen Person über die betreffenden Punkte verhandeln oder unseren Standpunkt erläutern, um schließlich zu einer Lösung oder einem Kompromiß zu kommen. Vielleicht müssen wir schließlich sogar die Einwände des anderen zurückweisen, aber das ist etwas völlig anderes, als jede Kritik von vornherein abzuschmettern.

Der konstruktive Umgang mit Kritik erfordert, daß wir der Meinung des anderen sorgfältig lauschen und sichergehen, daß wir das Problem wirklich verstanden haben. Wie wir in Janets Fall (siehe Seite 55) gesehen haben, war ihre ursprüngliche Klage gegen ihren Ehemann gerichtet, während der wahre Grund ihrer Unzufriedenheit in ihrem Kampf mit ihrer neuen Mutterrolle lag. Wenn Sie an Ihrem Selbstwertgefühl arbeiten und dafür sorgen, daß Sie wenigstens einige der Dinge tun können, die Ihnen wichtig sind, werden Sie in verbalen Auseinandersetzungen viel standfester sein, und da wir nicht erwarten können, durchs Leben zu gehen, ohne jemals kritisiert zu werden, ist dies eine wertvolle Fähigkeit.

9

DER MYTHOS VON DER ABHÄNGIGKEIT

Eine weitere Ausrede, die oft gebraucht wird, um Veränderungen im Leben aus dem Weg zu gehen, ist die von der eigenen »Unfreiheit«. »Ich kann nichts ohne meinen Mann unternehmen, und wir interessieren uns einfach nicht für die gleichen Dinge, also besuche ich die Abendkurse nicht«... oder...» meine Mutter mag es nicht, wenn ich an den Wochenenden ausgehe, deshalb kann ich keine erfüllenden sozialen Kontakte haben«. Mit anderen Worten: Sie stellten fest, daß Sie Ihren Horizont erweitern und neue Interessengebiete entdecken möchten, aber Sie können es nicht tun, weil andere Sie nicht unterstützen oder Ihre Pläne nicht gutheißen. Und weil diese anderen nahe Verwandte oder enge Freunde sind, meinen Sie, daß Sie Ihr Leben nach deren Regeln oder Empfehlungen leben müssen.

Sie haben das Gefühl, an Ihrer Abhängigkeit von der Meinung jener Menschen nichts ändern zu können.

Tatsache ist jedoch, daß *Sie* der einzige sind, der wirklich weiß, was gut für Sie ist. Wenn *Sie* das Gefühl haben, Ihre Freunde öfter sehen zu wollen, ein Hobby beginnen oder in Ihrem Beruf weiterkommen zu wollen, *dann ist es das Beste für Sie*. Wenn Sie alt genug sind, dieses Buch selbst zu kaufen, dann sind Sie auch alt genug zu wissen, was das Beste für Sie ist. Wenn andere Ihnen versichern, daß sie nur Ihr Bestes wollen, dann meinen sie in Wirklichkeit, daß sie das wollen, was für sie selbst am besten ist, und das können zwei völlig verschiedene Dinge sein. Ein Sohn, der sich zu Hause eingeschränkt fühlt, beschließt vielleicht, daß er mehr Zeit außerhalb verbringen und öfters mit seinen Freunden ausgehen will. Doch seine Mutter wirft ihm Egoismus vor und beharrt darauf, daß sein Platz zu Hause an ihrer Seite sei, weil sie keinen anderen

Menschen hat und sich einsam fühlen würde, wenn er jedes Wochenende ausginge.

Es ist natürlich schwierig, auf ein solches Argument etwas zu erwidern, denn der Sohn möchte ja weder, daß seine Mutter einsam ist, noch möchte er als Egoist betrachtet werden. In solchen Fällen werden dann häufig die eigenen Interessen aufgegeben, um sich das Wohlwollen des anderen zu erhalten. Doch die Forderung der Mutter, der Sohn möge jedes Wochenende zu Hause bleiben und ihr Gesellschaft leisten, ist mindestens ebenso egoistisch, wie es die ständige Abwesenheit des Sohnes wäre. Wenn der Sohn der Forderung seiner Mutter nachgibt und zu Hause bleibt, wird er ihr diese emotionale Erpressung mit Sicherheit verübeln, und sie wird nicht viel Freude an seiner Gesellschaft haben.

Deshalb ist es sehr wichtig, daß sie einen für beide akzeptablen Kompromiß finden, bei dem beide ihre Bedürfnisse teilweise erfüllt bekommen. Es ist weder eine gute Lösung, die Mutter ganz zu verlassen, noch wäre beiden damit gedient, würde der Sohn die ganze Zeit bei ihr zu Hause bleiben. Beide sind verantwortlich für ihr eigenes Wohlergehen, und beide müssen dafür sorgen, daß sie auch Kontakte und Beschäftigungen finden, die nicht die Anwesenheit des anderen voraussetzen. Nur dann wird ihre Beziehung langfristig gut bleiben können.

Falls Sie das Gefühl haben, nichts Neues ohne Ihren Partner beginnen zu können, dann leben Sie in einer Illusion.

Viele Verwitwete oder Geschiedene entdecken plötzlich, daß sie sehr gut allein zurechtkommen, wenn sie es wirklich müssen. Solange der andere jedoch in der Nähe ist, wiegt das Gefühl der Abhängigkeit und Unsicherheit oft schwerer als die Verheißung eines interessanten neuen Unternehmens. Aber ist es nicht viel sicherer und einfacher, neue Dinge zu wagen, wenn man einen unterstützenden Partner im Hintergrund hat? Die Mutter, der es so schwer fällt, ihren Sohn loszulassen, damit er sein eigenes Leben leben kann, hat genau davor Angst: hinauszugehen in die Welt und ihr eigenes Leben zu leben. Solange der Sohn noch da ist, muß sie dieser Herausforderung nicht ins Auge schauen.

Man kann sich sehr leicht angewöhnen, immer auf jemanden

angewiesen zu sein und die Verfolgung der eigenen Lebensziele aufzugeben. Innerhalb einer Familie kann ein Vater leicht vergessen, daß er auch noch etwas anderes ist als Ehemann und Brötchenverdiener; eine Mutter kann leicht vergessen, daß sie noch etwas anderes ist als Hausfrau und Kindermädchen, und die Kinder können dahin manipuliert werden, daß sie ihre eigenen Talente und Neigungen vergessen. Wenngleich alle Mitglieder bereit sein müssen, Kompromisse zu schließen, damit die Familie bestehen kann, müssen sie auch ihre eigenen individuellen Träume und Ziele verfolgen, um glücklich und zufrieden zu sein. Wir können anderen nur bis zu einem gewissen Punkt die Schuld zuschieben. Irgendwann kommt der Moment, wo wir die Verantwortung für uns selbst übernehmen und versuchen müssen, zumindest einige unserer Träume zu verwirklichen. Sonst könnte es leicht geschehen, daß wir eines Tages auf unser Leben zurückblicken und feststellen, daß wir zwar ein(e) pflichtbewußte(r) Vater oder Mutter, Sohn oder Tochter, Ehemann oder Ehefrau waren, aber unser eigenes Leben nicht gelebt und unsere persönlichen Ziele nicht erreicht haben.

Die »Midlife-crisis« stellt einen solchen Zeitpunkt im Leben dar. Man schaut zurück und erkennt, daß man nichts von all dem getan hat, was man ursprünglich tun wollte, daß man noch immer nach etwas sucht, was einem tiefe innere Befriedigung verschaffen soll – und die Zeit geht zur Neige! Eine wirkliche Krise wird daraus allerdings nur, wenn man glaubt, daß es zu spät ist, um etwas zu ändern. Aus der Ehe auszubrechen und eine Liebesaffäre zu haben, mag vorübergehend Erleichterung verschaffen, aber das zugrundeliegende Problem wird dadurch nicht gelöst. Wahre Unabhängigkeit ist innere Unabhängigkeit. Kein anderer Mensch kann Ihnen Unabhängigkeit geben. Sobald Sie eine andere Person einbeziehen, schaffen Sie ein bestimmtes Ausmaß an Abhängigkeit, ob Sie wollen oder nicht. Unabhängig sein bedeutet, auf eigenen Füßen zu stehen, eigene Entscheidungen zu treffen und die Verantwortung dafür zu übernehmen. Man kann sich selbst unter ungünstigen Bedingungen persönlich weiterentwickeln. Man muß nur ein Ziel haben und es fest im Herzen tragen. Persönliche Weiterentwicklung hängt nicht von der Hilfe oder Zustimmung anderer, einer umfangreichen Ausbildung oder Ihrer finanziellen Situation ab. Sie hängt einzig und allein von Ihrer Entschlossenheit ab, die Dinge zum Besseren hin zu verändern. Sie sind so abhängig oder unabhängig wie Sie sein möchten.

__10__

PROBLEME SIND GESCHENKE

Ein Problem zu haben, heißt, daß die Dinge sich nicht nach Plan entwickeln.

Wenn wir in keinem Schuhgeschäft ein Paar graue Schuhe finden können, haben wir ein Problem, denn nun können wir unser graues Kostüm nicht zu dieser Einladung anziehen. Wenn der Chef ungerecht ist, haben wir ein Problem, denn wir regen uns darüber auf. Wenn die Freundin ständig in teure Lokale gehen will und wir ständig pleite sind, haben wir auch ein Problem, denn wir müssen dann zwischen einer schmollenden Freundin oder einem überzogenen Bankkonto wählen.

Eine Situation ist problematisch, wenn sie den reibungslosen Fluß der Ereignisse, die wir in die Zukunft projezieren, unterbricht. In unserer Wahrnehmung läuft etwas »schief«, wenn wir nicht genau das haben können, was wir wollen, und zwar zum exakt gewünschten Zeitpunkt. Sofort gefährden diese kleinen Unterbrechungen das ganze Unternehmen. Oder wir verhalten uns zumindest so, als wäre das der Fall. Wir werden wütend, frustriert, niedergeschlagen oder verunsichert, wenn das Leben nicht mit der prompten und exakten Erfüllung unserer Wünsche aufwartet.

Aber ist das wirklich die einzige Möglichkeit, auf Probleme zu reagieren? Es ist sicherlich nicht die beste. Probleme müssen gar nicht so zerstörerisch sein, wie wir denken. Sie können sogar sehr nützlich sein. Lediglich unsere Vorstellungskraft, die plötzlich Überstunden zu machen scheint, bringt uns dazu, in Panik zu geraten. Wenn wir auf ein Hindernis stoßen, verfallen wir sofort in Verzweiflung, so als ob nun unser gesamtes Unternehmen zum Scheitern verurteilt sei. Wir machen uns Sorgen und jammern und sind bereit aufzugeben.

Es ist seltsam – schon hundertfach begegneten wir Hindernissen im Leben und überwanden sie in den meisten Fällen, und doch geraten wir immer wieder in Panik, wenn das nächste Hindernis sich vor uns auftut.

Es liegt in der Natur der Dinge, daß das Leben nicht reibungslos verläuft. Nicht für Verlierer – aber auch nicht für Gewinner. Der einzige Unterschied zwischen diesen beiden Kategorien besteht darin, daß die Verlierer aufgeben, während die Gewinner weitermachen. Wenn man in Zeitschriften oder Zeitungen über berühmte Menschen liest, hört sich alles so leicht und geradlinig an, so als seien diese Leute ungehindert geradewegs zum Gipfel geschwebt, indem sie genial stets die besten Möglichkeiten wählten und ohne je zu irren auf ihr Ziel zueilten.

Aber so funktioniert es nicht. Was wir in der Zeitschrift lesen ist nur eine Zusammenfassung. Wenn man jemandes Karriere beschreibt, pickt man sich die wesentlichen Punkte heraus und fügt sie zu einer Kette von Ereignissen zusammen, die anscheinend direkt zum Ziel führen. Selten hören wir etwas über die Probleme und Verwicklungen, mit denen diese Menschen auf ihrem Weg zum Erfolg zu kämpfen hatten, die Schwierigkeiten, die sie meistern und die Hindernisse, die sie überwinden mußten. Doch selbst wenn man endlich den Gipfel erklommen hat, ist man nicht vor Schlaglöchern auf der Straße des Lebens gefeit – allerdings ist man nun zumindest finanziell in der Lage, sich bessere Stoßdämpfer zu leisten.

Da uns also nichts anderes übrigbleibt, als die Existenz unplanmäßiger Ereignisse, die in unsere Pläne eingreifen, zu akzeptieren, sollten wir zumindest das Beste aus ihnen machen. Sie sind Teil des täglichen Lebens und sollten als solche angenommen werden. Je weniger man sich gegen sie stemmt, desto gelassener bleibt man und desto besser kann man mit ihnen umgehen.

Es ist, als sei man auf einer Straße zu seinem Traumschloß unterwegs, während man ständig auf Straßensperren stößt. Sie können nun völlig außer sich geraten und mit Ihren kleinen Fäusten gegen das Hindernis trommeln, oder Sie können sich das Hindernis sorgfältig anschauen und darüber nachdenken, wie es am besten zu überwinden ist. Ist es aus Holz oder aus Stein? Gibt es irgendwo einen Spalt, durch den Sie hindurchschlüpfen könnten, ohne es auseinandernehmen zu müssen? Können Sie hinüberklettern oder es umgehen? Können Sie es vielleicht beiseite schieben? Falls Sie keine Lösung finden – gibt es vielleicht jemanden, der eine finden könnte? Nehmen Sie sich Zeit, über eine Lösung nachzudenken; verschwenden Sie so wenig emotionale Energie wie möglich an das Problem, damit Ihre Kräfte zum Erreichen Ihres Endzieles zur Verfügung stehen. Man muß sich Problemen stellen, um sie lösen zu können, aber man sollte ihnen nicht mehr Bedeutung geben als sie verdienen. Richten Sie Ihren Blick fest auf das, was Sie letztendlich erreichen möchten, und Sie werden es erreichen, ganz gleich, wie viele Hindernisse Sie übersteigen, umstoßen oder umgehen müssen. Wenn wir einmal gelernt haben, konstruktiv mit Problemen umzugehen, stellen wir fest, daß sie eine positive Wirkung auf uns haben. Die Höhen und Tiefen des Lebens helfen uns, flexibel zu bleiben und neue Fähigkeiten zu entwickeln. Sie helfen uns auch, die Dinge aus neuen Perspektiven zu betrachten, und geben uns das Gefühl, unser Leben mehr in der Hand zu haben. Wenn wir Probleme eher als Herausforderung denn als Bedrohung empfinden, können wir sie zu unserem Vorteil nutzen, und sie können zu wichtigen Meilensteinen auf unserem Weg zu einem erfüllteren und glücklicheren Leben werden.

__11__

DAS PETER-PAN-SYNDROM

J. M. Barrie nannte sein Stück »Peter Pan oder der Junge, der nicht erwachsen werden wollte.« Der Held ist ein Junge, der magische Kräfte besitzt und die Kinder Wendy, John und Michael ins Niemals-Niemals-Land mitnimmt – ein Land, das für Erwachsene nicht erreichbar ist.

Die Geschichte ist eine Mischung aus Traum und Alptraum: Die Kinder müssen schwierige Abenteuer bestehen, mit Piraten kämpfen und mehrere Prüfungen bestehen, aber es gibt keine wilden Schlachten, kein Blutvergießen, das Gute siegt über das Böse, und jedes Abenteuer hat ein Happy-End. Das Niemals-Niemals-Land ist eine eigene Welt, weit entfernt von der Realität der Erwachsenen, ein Land, wo es keine Eltern gibt, denen die Kinder gehorchen müssen. Für Peter Pan ist dieses Land die einzige Realität, die existiert. Er erkennt nichts außerhalb seines Königreichs an und verneint, daß das Leben draußen ein großes Abenteuer ist. Deshalb lehnt er auch am Ende das Angebot von Wendys Mutter, zu ihnen zu kommen und bei ihnen zu leben, ab.

Je nachdem, was für eine Kindheit Sie hatten, haben Sie sich ein Bild über das Leben eines Erwachsenen gemacht – darüber, was es bedeutet, erwachsen zu sein.

Falls Sie in einem Umfeld aufwuchsen, in dem die Erwachsenen feinfühlige Menschen waren, die sich am Leben freuten und die die Dinge anscheinend unter Kontrolle hatten, dann haben Sie sich wahrscheinlich darauf gefreut, erwachsen zu werden. Waren die Erwachsenen, mit denen Sie in Ihrer Kindheit zusammen waren, jedoch meistens depressiv, freudlos oder ständig schlecht gelaunt, dann hatte die Vorstellung, erwachsen zu werden, wohl eher etwas Bedrohliches. Dadurch, daß Kinder nur eine begrenzte Kenntnis der verschiedenen Mög-

lichkeiten, die das Leben bietet, besitzen, ist ihr Weltbild eingeschränkt, und solange ihre Sichtweise derart begrenzt ist, sind
sie unfähig, zu erkennen, was das Leben bereithält und wie sie
das Beste daraus machen könnten. Sie leben in ihrer kleinen
Welt, wo das Unbekannte und das Unerklärte bedrohlich sind,
ja, mystische Eigenschaften zu besitzen scheinen, die sich ihrer
Kontrolle entziehen. Nur wenn das Kind mit Schwierigkeiten
und neuen Situationen konfrontiert wird und sie verarbeitet,
lernt es, sie als zusätzliches Wissen in seine Welt zu integrieren,
wodurch sich auf ganz natürliche Weise sein Horizont erwei-
tert. Werden Menschen jedoch von traumatischen Situationen
überfordert, kann man das Gegenteil beobachten, nämlich einen Rückzug von der Außenwelt und eine Verengung der Grenzen. Das kann so weit gehen, daß diese Menschen nicht mehr
wagen, das Haus zu verlassen (Agoraphobie) oder zunehmend
unfähig werden, mit anderen zu kommunizieren (Depression).
Das Peter-Pan-Syndrom setzt sich aus verschiedenen Verhaltensweisen zusammen, die Menschen davon abhalten, Teil der
Erwachsenenwelt zu werden oder im Erwachsenenalter in ihrer
persönlichen Entwicklung fortzuschreiten. Einige dieser Verhaltensweisen möchte ich im folgenden erläutern.

Die Angst, die Realität außerhalb des Selbst zu erforschen

Der Begriff »Realität« wird in diesem Kontext in einem individuellen Sinne gebraucht. Jeder von uns erschafft seine eigene
Realität, kreiert sein eigenes Bild davon, wie die Welt beschaffen
ist und was andere Menschen bewegt oder motiviert. Jedes
Weltbild ist also einzigartig. Indem wir mit anderen kommunizieren, erfahren wir etwas über deren Realitäten. Wir erkennen,
wo unsere Bilder sich decken und wo sie voneinander abwei-
chen. Wir werden wahrscheinlich leichter mit jemandem
Freundschaft schließen, dessen Weltbild dem unseren ähnelt,
als mit jemandem, dessen Sicht der Welt von der unseren sehr
entfernt ist.
  Anderen Menschen zu begegnen, die unsere Einstellungen

teilen, ist für uns tröstlich und beruhigend, denn es bestätigt unseren eigenen Standpunkt und gibt uns ein Gefühl von Stärke und Selbstachtung. Je mehr Menschen mit uns übereinstimmen, desto besser fühlen wir uns mit uns selbst und desto sicherer sind wir, daß wir recht haben. Folglich wird alles außerhalb unserer eigenen Realität zu einer lästigen Störung und wird mit Argwohn betrachtet. Der Club der Doggenbesitzer wird niemanden aufnehmen, der einen Yorkshire-Terrier besitzt, und die Encounter-Gruppe der Lesbierinnen wird Männern die Teilnahme verweigern; der Rassist wird nicht versuchen, schwarze Mitbürger überhaupt kennenzulernen. Je mehr Zeit sie in ihrem Club der Gleichgesinnten verbringen, desto unwahrscheinlicher wird es, daß sie ihren Horizont erweitern, und desto größer ist die Wahrscheinlichkeit, daß sie durch Situationen außerhalb ihrer eigenen Realität verunsichert werden. Man könnte folgende Faustregel aufstellen: Je fanatischer ein Mensch seine Ansichten vertritt, desto mehr Angst hat er vor Realitäten, die außerhalb seiner eigenen liegen. Das soll nicht heißen, daß es falsch oder schädlich ist, seine Meinung mit vielen anderen Menschen zu teilen, im Gegenteil, wir alle brauchen die Anerkennung und Unterstützung anderer. Doch es ist wichtig, sich ab und zu einmal über die eigenen Grenzen hinauszuwagen, sonst bleibt man in alten Gleisen hängen, wird unflexibel und altert vor seiner Zeit.

Die Angst, Verantwortung für das eigene Handeln zu übernehmen

Wir alle müssen im Leben Entscheidungen treffen. Das können alltägliche Entscheidungen sein, etwa, was man an einem bestimmten Wochenende unternehmen will oder ob man sich ein neues Kleid leisten soll. Manchmal müssen auch weitreichendere Entscheidungen getroffen werden: Sollen wir uns finanziell festlegen, indem wir ein neues Auto kaufen, wollen wir Kinder haben oder nicht, welchen Beruf sollen wir wählen? Wenn wir klein sind, werden uns die meisten Entscheidungen von unseren Eltern abgenommen. Sie wählen aus, was wir heute anziehen, welche Schule wir besuchen und was für ein Geschenk wir zur Geburtstagsfeier unseres Freundes mitnehmen sollen. Selbst wenn wir mit der Wahl, die für uns getroffen wird, nicht zufrieden sind, können wir uns zumindest in Sicherheit wiegen, wohlwissend, daß wir für eventuelle Fehlentscheidungen nicht getadelt werden können – schließlich haben *wir* die Entscheidung nicht selbst getroffen.

Manche Menschen legen diese Haltung niemals ab, was ein Zeichen dafür ist, daß sie in einem frühen Stadium ihrer Entwicklung steckengeblieben sind. Es ist eine unerfreuliche Erfahrung, für einen Fehler oder einen Mißerfolg getadelt zu werden, und je geringer Ihr Selbstwertgefühl ist, desto wahrscheinlicher ist es, daß Sie Ihren Irrtum leugnen oder Ausflüchte suchen, anstatt für das, was Sie falsch gemacht haben, die Verantwortung zu übernehmen. Eine häusliche Atmosphäre, in der ein Kind für alles, was es falsch macht, scharf kritisiert wird, ohne Gelegenheit zu erhalten, seinen Standpunkt oder seine Beweggründe zu erklären, kann dazu führen, daß dieser Mensch später im Leben Angst hat, Verantwortung zu übernehmen, weil sich in ihm die Vorstellung festgesetzt hat, daß es in jedem Fall unerfreuliche Konsequenzen für ihn haben wird, wenn irgend etwas schiefgeht.

Es ist jedoch nicht vermeidbar, daß wir eines Tages schließlich unsere Eltern loslassen und eigene Entscheidungen treffen müssen. Irgendwann müssen wir Verantwortung für unser eigenes Handeln übernehmen. Wenn wir uns entschließen, uns mit Freunden auf ein Bier in der Kneipe zu treffen, und dann auf dem Heimweg einen Unfall verursachen, weil wir zuviel getrunken haben, dann haben wir unverantwortlich gehandelt, und müssen uns das eingestehen und daraus lernen. Sie könnten natürlich versuchen, sich zu rechtfertigen, indem Sie sagen, daß alle anderen auch getrunken haben und Sie nicht ungesellig sein wollten – und daß es Ihnen später, als Sie merkten, daß Sie ein paar Gläser zuviel hatten, zu umständlich war, ein öffentliches Verkehrsmittel zu benutzen oder jemanden zu bitten, Sie nach Hause zu bringen. Aber all diese Entschuldigungen sind nichts als ein Verleugnen der Tatsache, daß Sie die *Wahl hatten*. Sie hatten die Wahl, nur ein Glas zu trinken statt fünf, aber Ihre Freunde nötigten Sie, mehr zu trinken, als Sie eigentlich wollten. Sie hatten die Wahl, ein öffentliches Verkehrsmittel zu benutzen oder jemanden zu bitten, Sie nach Hause zu fahren. Aber zu diesem Zeitpunkt hatten Sie schon soviel getrunken, daß es Ihnen egal war – also ist der *Alkohol* schuld, daß Sie verantwortungslos handelten. Sie sind unschuldig wie frisch gefallener Schnee. Und so geht es weiter: Wir können keine bessere Arbeitsstelle bekommen, weil unsere Eltern uns nicht die richtige Ausbildung ermöglichten; wir können nachts nicht schlafen, weil unser Chef uns tagsüber mit Arbeit überlastet; wir können nicht glücklich sein, weil wir Übergewicht haben. Tief im Inneren spüren wir, daß wir etwas gegen diese unbefriedigenden Situationen unternehmen sollten, aber irgendwie kommen wir nie dazu. Das entbindet uns aber nicht von der Verantwortung, denn wir sind ebenso verantwortlich für das, was wir *nicht* tun. Wenn wir sagen »ich *sollte* abnehmen/eine neue Stelle suchen/an einem Selbtbehauptungstraining teilnehmen«, statt zu sagen: »Wenn ich wirklich wollte, könnte ich abnehmen/eine neue Stelle finden/einen Selbstbehauptungskurs besuchen«, dann weigern wir uns, eine aktive Entscheidung zu treffen, und das ist ebenfalls eine Entscheidung. Keine Entscheidung zu fällen, ist auch eine Entscheidung. Sie sind verantwortlich für die Konsequenzen Ihrer Entscheidungen, ganz gleich, ob es aktive oder passive Entscheidungen sind.

Wenn Sie Ihr Leben nicht selbst steuern, wird es ein anderer für Sie tun, doch dann müssen Sie vielleicht nehmen, was Sie bekommen, statt zu bekommen, was Sie möchten.

Die Angst, »nein« zu sagen

Kompromisse sind ein wesentlicher Bestandteil eines sozialen Gefüges, denn sie ermöglichen es einer großen Anzahl von Menschen, zusammenzuleben und auf konstruktive Weise miteinander umzugehen.

So, wie wir keine Gesellschaft haben können, in der jedes Individuum nur das tut, was ihm gerade gefällt, so können wir auch keine Gesellschaft haben, in der alle gleich sind. Gesetze, Regeln und Konventionen sind Versuche, allgemeine Belange auf einen (groben) gemeinsamen Nenner zu bringen, aber es muß auch Raum für besondere Umstände gelassen werden. Wenn Sie Ihren Vater umbringen, haben Sie vor dem Gesetz ein Verbrechen begangen, aber wenn sich herausstellt, daß Ihr Vater Sie jahrelang mißbraucht hat, ist es wahrscheinlich, daß das Urteil milder ausfällt oder Sie sogar freigesprochen werden.

Kompromisse schließen heißt verhandeln, um zumindest teilweise zu bekommen, was man möchte. Probleme treten dann auf, wenn wir Kompromisse in Situationen eingehen, die vollkommen unannehmbar für uns sind, wenn das Wort »Kompromiß« zu einer Umschreibung dafür wird, daß wir nicht »nein« sagen können. Wenn Sie in ein Mädchen verliebt sind, das Sie am Gängelband hat und ihre anderen Verehrer nicht aufgeben will, dann können Sie einen Kompromiß eingehen und sich sagen, daß Sie auf alle Fälle eine gute Zeit mit ihr haben. Das ist in Ordnung, solange es Ihnen wirklich nichts ausmacht, daß sich Ihre Freundin noch mit anderen Männern trifft. Falls es Sie aber doch stört, können Sie einen Kompromiß nicht akzeptieren, denn er würde Ihre Selbstachtung untergraben. Sie müssen also eine Entscheidung treffen, die Ihre eigenen Bedürfnisse berücksichtigt, und diese Entscheidung könnte sehr wohl das Ende der Beziehung bedeuten.

Wenn es Ihnen unmöglich ist, »nein« zu sagen, dann nehmen Sie sich selbst oder Ihre eigenen Bedürfnisse nicht sehr ernst. Andere Menschen bemerken das und behandeln Sie entsprechend. Diese selbstverleugnende Haltung ist ebenfalls ein Anzeichen dafür, daß die persönliche Weiterentwicklung an irgendeinem Punkt in der Kindheit blockiert wurde. Anfangs besteht die Welt eines Kindes nur aus dem engsten Familienkreis, das heißt aus Eltern, Brüdern und Schwestern. Das Kind hat nur diese Menschen auf der Welt, und es muß sich angenommen und geliebt fühlen, damit es sich zu einer Persönlichkeit entwickeln kann. Das Kind wird alles tun, um die Liebe der Familienmitglieder zu erhalten, und es wird sogar seine eigenen Gefühle von Wut oder Haß verleugnen, wenn ihm diese Liebe nicht entgegengebracht wird. Es kann sich diese negativen Gefühle nicht leisten, denn wenn es sie nach außen hin zeigt, werden die Eltern es noch weniger lieben, und das würde seine Situation weiter verschlechtern. So nimmt es jede Ungerechtigkeit, Unfreundlichkeit oder Grausamkeit hin, in der Hoffnung, daß seine Geduld eines Tages durch größere Zuneigung belohnt wird. Doch während die Zeit vergeht und alles beim alten bleibt, werden der Haß und die Wut immer größer – und wenn sie nicht ausgedrückt werden, wenden sie sich nach innen, führen zu Frustration und schließlich zu Depression. Dieser Mensch ist später im Leben weiterhin unfähig, seine eigenen Bedürfnisse wahrzunehmen. Obwohl er jetzt in der Lage wäre, sich seine Bedürfnisse zu erfüllen, indem er sich die Menschen, mit denen er Umgang pflegt, auswählt und darauf achtet, mit Liebe und Respekt behandelt zu werden, ist es ihm dennoch unmöglich, weil er nie gelernt hat, sich selbst zu achten. Die feste Überzeugung, daß es falsch ist, Wut zu zeigen, führt zu Frustration und zu der Einstellung, man müsse dankbar sein für das, was man bekommt, so daß dem Betreffenden selbst ein Minimum an Zuwendung besser erscheint als gar nichts.

Angst vor Autorität

Peter Pan zieht sich in sein Niemals-Niemals-Land zurück, um einer Welt zu entfliehen, die von Müttern und Gouvernanten regiert wird – einer Welt, in der die Kinder gezwungen werden, den von Erwachsenen aufgestellten Richtlinien zu folgen. In seiner Rebellion gegen die Erwachsenen schart Peter eine Gruppe von Jungen um sich und macht sich zu ihrem Anführer. So wird er selbst zu einer Autoritätsfigur, die ihre eigenen Regeln aufstellt. Dank der traumhaften Beschaffenheit von Niemals-Niemals-Land läuft alles reibungslos, und keiner aus der kleinen Bande kommt auf die Idee, seinerseits gegen Peters Führungsanspruch zu rebellieren. Peter ist ganz selbstverständlich die Nummer eins, weil er als einziger magische Kräfte besitzt und deshalb Kritik oder Opposition nicht fürchten muß. Seine besonderen Fähigkeiten lassen ihn aus der Menge herausragen. Er ist zweifellos der Held in jener Welt. Das entspricht der Art und Weise, wie ein Kind seine Eltern sieht. Für ein Kind sind die Eltern gottgleiche Wesen, die über unbegrenztes Wissen, unzählige Fähigkeiten und magische Kräfte verfügen.

Wenn wir uns in Erinnerung rufen, daß ein kleines Kind praktisch kein eigenes Wissen, keine eigenen Fähigkeiten und Kräfte besitzt, dann verstehen wir, daß es notwendigerweise von seinen Eltern beeindruckt sein muß.

In diesem Entwicklungsstadium wird die Autorität der Eltern gewöhnlich akzeptiert, so wie Peters Autorität von den anderen Jungen akzeptiert wurde.

Diese Illusion von Allwissenheit und Omnipotenz wird sich eines Tages angesichts der Realität auflösen, doch für Peter Pan findet dieser Prozeß nie statt. Wenn Kinder älter werden und sich mehr Wissen aneignen, beginnt sich ihr Bild von den Eltern zu relativieren. Das kann für beide Seiten ein schmerzhafter Prozeß sein, denn die Kinder hören auf, die Eltern uneingeschränkt zu bewundern, und sind nicht mehr bereit, deren Autorität fraglos zu akzeptieren. Papa hat dir stets gesagt, daß man nicht stehlen darf, und nun kommt ein Handtuch des Ferienhotels aus seinem Koffer zum Vorschein. Mama bestraft dich immer sofort, wenn du deinen kleinen Bruder schlägst, weil er dich geärgert hat, und nun schlägt sie ihn selbst, weil er ihr auf die Nerven geht. Das Kind bekommt im Supermarkt die gewünschte Tafel Schokolade nicht, aber der Vater kauft sich zwei Päckchen Zigaretten. Kinder nehmen wahr, daß mit zweierlei Maß gemessen wird, und decken dies auf, ohne ein Blatt vor den Mund zu nehmen – sehr zum Verdruß ihrer Eltern.

Viel hängt nun davon ab, wie Eltern mit dieser Kritik umgehen. Sie können das Kind für seine »Ungezogenheit« bestrafen und ihm den Mund verbieten (»Kümmere dich um dich selbst! Was glaubst du denn, wer du bist – willst du mir etwa vorschreiben, was ich zu tun habe?!«), oder sie können eine Ausrede dafür erfinden, daß sie etwas getan haben, was nach den von ihnen selbst aufgestellten Regeln nicht in Ordnung ist (»Es war ja nur ein Scherz. Nimm nicht alles so ernst!«, oder: »Wenn dein Bruder sich nicht benehmen kann, muß er die Konsequenzen tragen.«), oder sie können zugeben, daß sie einen Fehler gemacht haben.

Viele Eltern wählen die beiden ersten Verhaltensmöglichkeiten, um der Demütigung zu entgehen, mit ihren Fehlern konfrontiert zu werden. Wir können nicht verhindern, daß wir eines Tages die uneingeschränkte Bewunderung unserer Kinder verlieren, aber wir müssen nicht ihre Achtung verlieren. Wenn Sie ihr Kind stets bestrafen, wenn es Sie kritisiert, und seinen Gerechtigkeitssinn verspotten, werden Sie dadurch nicht Ihr Gesicht wahren können, sondern nur Haß ernten. Je strenger die Regeln, die Kinder von ihren Eltern auferlegt bekommen, desto größer die Enttäuschung, wenn diese Kinder ihre Eltern selbst beim Übertreten dieser Regeln ertappen. Wenn die Gebote und Vorschriften keinen Raum für besondere Umstände und Situationen lassen, dann wird das Leben in Schwarz und Weiß, Richtig und Falsch, Gut und Böse eingeteilt, und es ist sehr bedrohlich, wenn diese Ordnung durcheinandergebracht wird. Das Verhalten von Kindern spiegelt die Art und Weise wider, in der sie von ihren Eltern behandelt werden; die Einstellung eines Menschen zu Autoritäten zeigt, wie seine/ihre Eltern mit ihrer Rolle als Autoritätsfiguren umgegangen sind.

Ein grundsätzlicher Haß auf Autoritäten zeigt, daß das persönliche Wachstum zu irgendeinem Zeitpunkt in der Kindheit oder Jugendzeit zum Stillstand kam. Wenn Ihr Ego nicht genügend entwickelt ist und Sie kein Selbstvertrauen besitzen, bekommen Sie das Gefühl, daß Sie keine Kontrolle darüber haben, was mit Ihnen geschieht. Sie haben das Gefühl, am Ende der Hackordnung zu stehen und allen ausgeliefert zu sein, die sich über Ihnen befinden. Das ist ein irritierendes und bedrohliches Gefühl und führt gewöhnlich zu Haß und Verachtung gegenüber Vorgesetzten. Selbst wenn Sie inzwischen in der Lage sind zu erkennen, daß diese Vorgesetzten auch ihre Fehler haben, fürchten Sie dennoch, von ihnen abgelehnt oder bestraft zu werden. Obwohl Sie sich am liebsten aus allen Situationen zurückziehen würden, in denen Sie mit einer Autorität konfrontiert werden, wird Ihnen das nicht immer möglich sein, denn wohin Sie auch gehen, in welchem Beruf Sie auch arbeiten, wie Sie auch leben mögen, Sie werden es hin und wieder nicht vermeiden können, mit Personen zusammenzutreffen, die in einer höhergestellten Position sind. Weil Sie ein niedriges Selbstwertgefühl haben, werden Sie automatisch die meisten anderen Menschen in einer Autoritätsposition sehen. Weil Sie keine Selbstachtung haben, werden andere Sie respektlos behandeln, was wiederum Ihre Einstellung verstärken wird. Ein

Teufelskreis kommt in Gang, bei dem Ihre schlimmsten Befürchtungen durch die Realität bestätigt werden.

Sie können aus diesem Dilemma herausfinden, wenn Sie beginnen, Selbstvertrauen und Selbstachtung aufzubauen, indem Sie alte emotionale Blockaden auflösen und so den Weg freimachen für eine neue Art der Kommunikation mit anderen Menschen.

Die Angst vor einem neuen Lebensabschnitt

Es gibt bestimmte Einschnitte im Leben, an denen wir von einer Rolle in eine andere wechseln müssen. Unser soziales Umfeld ändert sich, und wir müssen den Übergang vom Jugendlichen zum Erwachsenen, vom Single zum Ehpartner, vom Ehemann zum Vater und so weiter vollziehen. Der Eintritt in einen neuen Lebensabschnitt vollzieht sich im allgemeinen nicht plötzlich, und es gibt traditionelle Riten, die uns den Übergang erleichtern. Zeremonien wie Verlobungsfeiern und Hochzeiten machen diesen Übergang zu einem offiziellen Ereignis, bei dem öffentlich erklärt wird, daß nun eine neue Phase beginnt. In einigen Religionen gibt es ähnliche Riten für den Übergang vom Heranwachsenden zum Erwachsenen – wie zum Beispiel das Bar-Mizwa-Fest der Juden, bei dem der junge Mann als vollwertiges Mitglied in die religiöse Gemeinschaft aufgenommen wird. Ein neuer Lebensabschnitt bringt neue Aufgaben und Verantwortlichkeiten mit sich und – vielleicht noch wichtiger – einen neuen Status in der Gesellschaft. Die Menschen betrachten Sie mit anderen Augen, je nachdem, ob Sie eine ledige Frau sind, eine Mutter von zwei oder eine Mutter von fünf Kindern. Das Verhalten anderer Ihnen gegenüber wird von deren Einstellung gegenüber einer beispielsweise ledigen Frau bestimmt. Vielleicht werden einige Sie bedauern, weil sie das Dasein einer Unverheirateten als Unglück oder als eine Art von persönlichem Versagen betrachten. Andere werden Sie vielleicht um Ihre Freiheit beneiden. So wird man Sie entweder ermutigen oder entmutigen, wenn Sie ankündigen, daß Sie zu heiraten beabsichtigen. Manchen Eltern fällt es vielleicht sehr schwer, ihren Sohn von zu Hause fortziehen und seine eigene

Familie gründen zu lassen (hier können wir einer Schwiegermutter als dem sprichwörtlichen Drachen begegnen). Diese Frau ist nicht in der Lage, von der Rolle der Mutter (und damit der Hauptperson im Leben ihres Sohnes) in die Rolle einer Schwiegermutter (und damit in die zweite Reihe) zu wechseln. Jegliche Kritik an der Schwiegertochter ist nur eine andere Art, dem Sohn zu sagen: »Du hättest mich nicht verlassen sollen, denn ich bin immer noch die Beste.« Die Mutter klammert sich an ihre alte Rolle und weigert sich, sie loszulassen, obwohl sie nun nicht mehr angemessen ist, da sich die Situation geändert hat. Falls der Sohn der Mittelpunkt ihres Lebens war, ist es verständlich, daß sein Fortgehen großen emotionalen Aufruhr auslöst, und doch muß der Übergang schließlich vollzogen werden, soll die Beziehung zwischen Mutter und Sohn oder zwischen dem frisch getrauten Paar nicht ernsthaft Schaden nehmen.

Es ist die Furcht vor dem Verlust des gewohnten Lebensstils und aller positiven Gefühle und Belohnungen, die damit einhergehen, die in uns Widerstände gegen Veränderungen wachruft. Die Schwiegermutter hat Angst davor, ihren Sohn zu verlieren und nicht mehr gebraucht zu werden; Peter Pan fürchtet, dieses Gefühl von Abenteuer und Freude zu verlieren, das für ihn Kindsein bedeutet. Bei beiden beruht die negative Einstellung auf der Vorstellung, daß man sich mit dem Beginn eines neuen Lebensabschnittes von dem vorhergehenden ganz und gar lösen muß. Doch das ist in Wirklichkeit gar nicht der Fall. Wenngleich einige Aspekte sich ändern, so bleiben andere erhalten: Der Sohn ist jetzt stärker in seiner neuen Familie engagiert, aber die Liebe zu seiner Mutter bleibt die gleiche. Peter Pan verläßt sein Niemals-Niemals-Land, aber seine Abenteuerlust kann ihn zu einer Aufgabe im Leben führen, die sein Bedürfnis nach Aufregung und Freiheit erfüllt. Anstatt alte Gefährten zu verlieren, gewinnt man neue hinzu. Du kannst »alte« Freunde nur haben, wenn du hinausgehst und neue Freunde gewinnst. Die Schwiegermutter bekommt eine Tochter hinzu und hat nun mehr Freizeit, in der sie eigene Interessen entwickeln und verfolgen kann. So wird sie selbst zu einer interessanteren Persönlichkeit, die die Freundschaft anderer Menschen außerhalb ihrer engsten Familie gewinnt.

TEIL III

__12__

ZIELE PERSÖNLICHER ENTWICKLUNG

Wenn man nicht weiß, wohin man geht, kann man sich nicht verlaufen, aber man kann auch nicht ankommen. Kein Ziel im Leben zu haben bedeutet, daß man nicht in der Lage ist, aus der Vielfalt der Möglichkeiten, die das Leben bietet, zu wählen. Man nimmt das, was auf einen zukommt, aber es hat keine Bedeutung, denn man kann es nicht in einen persönlichen Rahmen einfügen. Manchmal erleben wir Zeiten, in denen uns alles, was wir tun, langweilt, in denen nichts unser Interesse wecken kann: Die Arbeit ist eine Plackerei, das Privatleben ist trist, und auch die Zukunft scheint nichts bereitzuhalten, auf das man sich freuen könnte. Die Anfangsschwierigkeiten, die wir an unserem gegenwärtigen Arbeitsplatz hatten, gehören der Vergangenheit an – ebenso wie die Anregung und Befriedigung, die wir daraus zogen, neue Aufgaben zu meistern und etwas Produktives zu leisten. Da wir wissen, daß wir mit etwaigen Problemen gut umgehen können, bietet uns unsere Arbeit keine Herausforderung mehr, und wir fangen an, sie mechanisch zu erledigen. Wir schalten auf »Auto-Pilot« und – langweilen uns. Das gilt natürlich nicht nur für den Beruf. Auch in unseren persönlichen Beziehungen können wir uns in ausgefahrenen Gleisen bewegen. Partner können anfangen, sich miteinander zu langweilen; eine Mutter kann gereizt und ärgerlich darüber werden, daß sie tagaus, tagein ihre Kinder umsorgen muß; ein freiwilliger Helfer kann seiner selbstgesetzten Aufgabe überdrüssig werden. Sichtbare Anzeichen dafür, daß man diesen Punkt erreicht hat, sind die Vernachlässigung der äußeren Erscheinung sowie Streßsymptome, die durch die Monotonie der ausgeübten Tätigkeit hervorgerufen werden. Obwohl diese Form von Streß nicht so bedrohlich scheint wie die durch Überlastung hervorgerufene, sollte sie dennoch ernst genommen werden, denn Unterforderung kann sich psychisch genauso zerstörerisch auswirken wie Überforderung.

Es scheint, daß wir immer wieder einmal aus dem Rahmen hinauswachsen, den wir uns selbst gesetzt haben. Wenn das Neue unserer Situation alltäglich geworden ist, folgt gewöhnlich eine Phase der Zufriedenheit, in der wir das Gefühl bekommen, alles unter Kontrolle zu haben, weil wir wissen, daß wir unsere Sache gut machen. Wie lange diese Phase anhält, hängt ganz von der individuellen Persönlichkeit ab: Für manche dauert sie ein paar Monate, für andere einige Jahre. Wenn wir dann schließlich über diese Stufe hinauswachsen, wird die einst nützliche Struktur, in der wir agierten, zu einer Barriere und behindert unser persönliches Wachstum.

Der Zeitpunkt zur Neugestaltung unseres Lebens und unseres Selbst ist gekommen. Wir müssen neue Interessen entwikkeln, neue Aufgaben finden, sonst geraten wir in Gefahr zu stagnieren. Und es ist besser, diesen Entwicklungsprozeß in Angriff zu nehmen, ehe man vom Leben dazu gezwungen wird. Das Leben um uns herum verändert sich ständig, und wenn wir mit diesen Veränderungen nicht mitfließen, werden wir eines Tages von ihnen überrollt und zu Entscheidungen gezwungen, die wir niemals fällen wollten. Man könnte es mit einer größer werdenden Familie vergleichen, die die Suche nach einem größeren Haus solange hinausschiebt, bis es nicht mehr geht. Irgendwann braucht sie so dringend mehr Raum, daß sie für ein größeres Haus – das vielleicht noch nicht einmal ihren Vorstellungen entspricht – viel mehr zahlt, als sie eigentlich wollte.

Andererseits kann man sich natürlich zurücklehnen und warten, daß Veränderungen von selbst geschehen, anstatt sich ein Ziel zu setzen und die Veränderungen hervorzurufen. Man kann darauf hoffen, daß sich die eigene Situation von selbst verbessert, da sich die Dinge um einen herum ja ohnehin ständig ändern. Das ist gut und schön, solange man mit der Situation, so wie sie ist, zufrieden ist. Wenn man jedoch unglücklich ist, ist es nervenaufreibend und frustrierend, dazusitzen und auf eine Veränderung zu warten (anstatt sie selbst einzuleiten). Wie lange wollen Sie warten? Das Warten kann zu einem Vorwand für die eigene Trägheit werden; es sei denn, man setzt sich eine klare Frist und hält sich auch daran.

Neue Ziele anzusteuern, ganz gleich, ob große oder kleine, kann sehr viel einfacher sein als Sie denken – und es kann Spaß machen. Warum langweilig sein, wenn man interessant sein kann? Warum mittelmäßig sein, wenn man etwas Besonderes sein kann? Finden Sie heraus, was Sie zu dem einzigartigen Individuum macht, das Sie sind, und setzten Sie Ihre Prioritäten neu; entwickeln Sie neue Ideen und erweitern Sie Ihre Fähigkeiten.

Ziele

Es gibt Zeiten, in denen wir das Gefühl haben, daß wir mehr aus unserem Leben machen könnten, daß unsere gegenwärtige Situation uns keine Erfüllung mehr bringt, obwohl wir vielleicht gar keine aktuellen Probleme haben. Die Arbeit ist in Ordnung, das Familienleben ist in Ordnung, und doch ... Oft sind diese Gefühle sehr vage, und wir spüren nur eine leichte, aber permanente Unzufriedenheit, die unser ganzes tägliches Leben durchdringt. Daß wir die Gründe für diese Unzufriedenheit nicht einmal genau benennen können, macht es noch schwieriger, damit umzugehen. Wieviel einfacher ist es doch, wenn der Grund ganz offensichtlich ist und wir die Sache direkt angehen können! Wenn man sich in einer Sackgasse befindet, ist das gewöhnlich ein Zeichen dafür, daß es Zeit ist, das eigene Leben neu zu überdenken. Was haben Sie bisher erreicht? War es das, was Sie sich immer vorgestellt hatten? Normalerweise finden sich eine ganze Reihe von Vorstellungen, mit deren Verwirklichung Sie noch nicht einmal ansatzweise begonnen haben. Wenn aber trotz größter Anstrengung keine Vorstellung in Ihnen aufsteigen will, so versetzen Sie sich einmal zurück in die Zeit zwischen Ihrem zehnten und zwanzigsten Lebensjahr. Welche Träume hatten Sie damals, welche Ziele, welche Hoffnungen? Was faszinierte Sie zu jener Zeit, und was fiel Ihnen leicht? Oft zeigen sich unsere wahren Talente und Interessen bereits in der Jugend. Wir neigen nur dazu, sie später zu vergessen, weil wir zu sehr damit beschäftigt sind, den ausgetretenen Pfaden zu folgen: zur Schule, auf die Universität gehen, arbeiten, ein Auto, ein Haus kaufen, heiraten und Kinder bekommen. Das Schöne am persönlichen Wachstum ist, daß man am Ende kein Zertifikat oder Diplom erwerben muß, um zu wissen, daß man davon profitiert hat. Neue Ziele können sich auf etwas Nützliches und Konventionelles richten, aber sie können ebensogut kapriziös und ausgefallen sein, einfach nur Vergnügen bereiten, ohne für irgend jemanden von praktischem Nutzen zu sein. Jegliches neue Wissen, das Sie erwerben, jedes neue Interesse, daß Sie entwickeln, bringt Sie weiter und bereichert Ihre Persönlichkeit. Indem Sie sich in neue Wissensgebiete vertiefen, erschließen Sie sich eine neue Welt, und es gibt nichts Anregenderes und Belebenderes als das Eintauchen in eine Tätigkeit, die uns so fesselt, daß wir die Welt um uns herum vergessen. Haben Sie je einen Briefmarkensammler vor seinen Alben sitzend beobachtet? Er ist wie ein spielendes Kind – vollkommen absorbiert. Ich will damit nicht sagen, daß Sie nun anfangen sollten, Briefmarken zu sammeln (es sei denn, es ist genau das, was Sie schon immer tun wollten); nein, das innere Engagement, die Hingabe an eine Tätigkeit ist das Wesentliche, nicht die Art der Tätigkeit.

Vielleicht möchten Sie einige Ihrer Stärken weiterentwikkeln. Falls Sie ein(e) gute(r) Organisator(in) sind, würde es Ihnen vielleicht Spaß machen, eine Nachbarschaftskinderkrippe zu gründen oder ein Nachbarschaftsnetzwerk zu organisieren. Ihr neues Ziel kann ein weiterer Schritt auf der Karriereleiter oder ein Kurs in Kalligraphie sein. Vielleicht möchten Sie auch schwimmen lernen oder an einem Überlebenstraining in den Bergen teilnehmen. Es gibt unzählige Möglichkeiten, und während Sie dabei sind, Ihr persönliches Interessengebiet zu entdecken, werden Sie auf eine Menge neuer Ideen stoßen, von deren Existenz Sie bisher gar nichts wußten.

Wir sprechen hier also nicht von den »richtigen« oder »falschen« Zielen, sondern von neuartigen Ideen. Ein Ziel, das für Sie gut und richtig ist, mag für die nächsten hundert Menschen unpassend sein, aber dadurch wird es nicht zum falschen Ziel für Sie. Ihr Ziel ist Ihre ganz persönliche Wahl und als solche ein Ausdruck dessen, was Ihre Persönlichkeit ausmacht. Indem Sie an einer neuen Idee arbeiten, geben Sie ihr Bedeutung, und es ist diese Bedeutsamkeit, die zu jenem Gefühl von Erfüllung und Befriedigung führt, das wir Glück nennen.

Risiken

Es mag uns oft riskant erscheinen, ein neues Unternehmen zu beginnen. Vielleicht haben Sie vor zwanzig Jahren zum letzten Mal eine Schulbank gedrückt und machen sich Sorgen über Ihre Fähigkeit, sich erneut in einen Lernprozeß hineinzuwagen. Werden Sie in der Lage sein, neue Konzepte zu begreifen? Wie werden Sie mit neuen Technologien, wie zum Beispiel elektronischen Schreibmaschinen, Textverarbeitungsgeräten und Computern, fertigwerden? Werden all die jungen Leute Sie überflügeln, weil sie eine schnellere Auffassungsgabe haben? Frauen, die aus dem Beruf ausgeschieden sind, um sich ausschließlich um die Familie zu kümmern, werden oft mit solchen Zweifeln konfrontiert. Die Kinder sind inzwischen in einem Alter, in dem sie nicht mehr auf ständige Betreuung angewiesen sind, und im Tagesablauf machen sich Zeiten des Leerlaufs bemerkbar, die mit etwas Neuem, Aufregendem ausgefüllt werden könnten. Doch Sie haben nun soviele Jahre nicht mehr in Ihrem Beruf gearbeitet, und die Vorstellung, in die Arbeitswelt zurückzukehren, macht Sie plötzlich mutlos. Wahrscheinlich wurden längst überall neue Arbeitsmethoden eingeführt, was für Sie »zurück auf die Schulbank« bedeuten würde. Kinder großzuziehen kann eine sehr schöne und lohnende Aufgabe sein, aber es ist auch aufreibend, und der Sprung aus der häuslichen in eine professionelle Umgebung, in der man mit Erwachsenen umgehen muß, kann riesig erscheinen. Ähnliche Ängste können auftauchen, wenn man bereits im Beruf ist und zu einer Fortbildungsmaßnahme geschickt wird oder sich selbst entschließt, seine Bildung durch Abendkurse oder Vorlesungen an der Hochschule zu erweitern. Die Rückkehr in einen aktiven Lernprozeß macht Sie verwundbar. Sie gehen das Risiko ein zu versagen. Dagegen können Sie an Ihrem gegenwärtigen Arbeitsplatz relativ sicher sein, daß Sie die Dinge mehr oder weniger unter Kontrolle haben. Bei Ihrem neuen Unternehmen ist der Ausgang wesentlich unsicherer. Wieviel Angst Ihr neues Wagnis in Ihnen auslöst, hängt auch davon ab, wie es Ihnen in Ihrer Schulzeit erging. Falls Sie damals eine schwere Zeit hatten, weil Sie von Eltern oder Lehrern bestraft oder verspottet wurden, werden Sie wahrscheinlich eher vor dem Risiko zurückschrecken, sich noch einmal in eine ähnliche Situation zu begeben. Wenn Sie es dennoch wagen, werden Sie mit Sicherheit ängstlicher sein als jemand, der auf eine glückliche Schulzeit zurückblicken kann.

Eine andere Art von Risiko taucht auf, wenn Sie beschließen, Ihre Arbeitsstelle zu wechseln, weil Ihre jetzige Arbeit zu stressig oder unterbezahlt ist – oder beides. Es erfordert Einsicht und Selbstvertrauen, eine solche Entscheidung zu fällen und sich nicht minderwertig zu fühlen, weil man ein viel zu hoch angesetztes Arbeitspensum nicht schafft. Viele Menschen fühlen sich als Versager, wenn es ihnen nicht gelingt, einen stetig ansteigenden Berg von Arbeit zu bewältigen. Wenn Sie akzeptieren können, daß das nicht Ihre Unzulänglichkeit ist, sondern mit dieser speziellen Arbeitsstelle zusammenhängt, dann haben Sie den ersten konstruktiven Schritt auf dem Weg gemacht, der Sie wahrscheinlich zu einem besseren Arbeitsplatz führen wird. Das Risiko, diesen Schritt zu tun, besteht darin, daß ein nagender kleiner Zweifel zurückbleiben könnte: Waren Sie nicht vielleicht doch einfach inkompetent, oder werden andere denken, daß Sie nicht kompetent waren und davonlaufen? Die beste Methode, dieses Risiko zu vermeiden, besteht darin, sich selbst ein paar Fragen zu stellen:

- Gibt es in Ihrer Abteilung noch andere Leute, die überlastet sind?
- Ist Ihr Arbeitspensum so umfangreich, daß Sie es selbst dann nicht bewältigen könnten, wenn Sie regelmäßig Überstunden machen würden?
- Haben Sie darum gebeten, eine Hilfe zur Seite gestellt zu bekommen, die Ihnen etwas von Ihrer Arbeit abnehmen kann, und ist diese Bitte als unrealistisch zurückgewiesen worden?
- Haben Sie das Gefühl, daß Ihre Gesundheit/Ihr Wohlbefinden/Ihre persönlichen Beziehungen unter Ihrer Arbeit leiden?

Wenn Sie auch nur eine der oben genannten Fragen mit »ja« beantwortet haben, und wenn die Arbeitsüberlastung schon längere Zeit anhält, dann ist es wahrscheinlich, daß der Streß in Ihren Job »eingebaut« ist. In diesem Fall sollten Sie die Verantwortung für Ihr Wohlergehen übernehmen und diese ungesunde Situation verlassen. Im extremsten Fall möchten Sie vielleicht sogar den Beruf wechseln. Dieser Wunsch birgt vielleicht das höchste Risiko. Wenn Sie an ein bestimmtes Gehalt gewöhnt sind und Ihr Lebensstandard auf Ihrem gegenwärtigen Einkommen basiert, könnte Ihr Wunsch, Ihren Beruf aufzugeben, auf große finanzielle Hindernisse stoßen. Wahrscheinlich sind Sie finanzielle Verpflichtungen eingegangen, denen Sie nur mit Ihrem gegenwärtigen Gehalt nachkommen können. Sollten Sie sich nun entschließen, eine völlig neue berufliche Laufbahn einzuschlagen, ist es sehr wahrscheinlich, daß Sie noch einmal irgendeine Ausbildung machen müssen. Das bedeutet, daß Sie nicht nur Schul- oder Kursgebühren bezahlen müssen, sondern auch eine Einkommenseinbuße haben, es sei denn, Sie können Ihre Ausbildung durch Fernunterricht oder Abend- und Wochenendkurse erwerben.

Daher muß ein radikaler Berufswechsel immer sehr gut durchdacht sein, bevor Sie Ihre Kündigung einreichen, sonst könnte es sein, daß Sie den Streß am Arbeitsplatz gegen den Streß, kein Geld zu haben, eintauschen. Wenn Sie den Wechsel wirklich wollen, werden Sie auch einen gangbaren Weg finden, aber es kann sein, daß dieser Weg nicht leicht ist. Er wird Opfer von Ihnen fordern. Es kann sein, daß Sie auf einen Teil Ihrer Freizeit, auf viele Ihrer sozialen Kontakte und auf eine Menge materiellen Komfort verzichten müssen. Andererseits können Sie Fehlschläge nicht vermeiden, indem Sie nie ein Risiko eingehen. Die Welt um uns herum ändert sich ständig, und wir gehen vielleicht das allergrößte Risiko ein, wenn wir gar nichts tun.

Die Vorgehensweise

Wie wir gesehen haben, müssen Sie sich vielleicht zunächst mit einigen Zweifeln auseinandersetzen, bevor Sie darangehen können, Ihren neuen Plan in die Tat umzusetzen. Wenn Sie diese jedoch überwunden haben, sind Sie bereit, die ersten Schritte zu tun. Wie Sie dabei vorgehen, hängt von Ihrer Persönlichkeit und Ihrer ureigenen Arbeitsweise ab; Sie werden Ihr Ziel auf eine individuelle Art und Weise erreichen. Es gibt keine

»richtige« oder »falsche« Methode, wenn es darum geht, Ideen in Realität umzusetzen. Es gibt nur eine ganze Reihe verschiedener Wege, von denen einige zu Ihnen passen, andere nicht. Falls Sie Ihr Ziel nicht auf dem direkten Weg erreichen können, sollten Sie daran denken, daß es noch andere Wege dorthin gibt. Behalten Sie Ihr Ziel fest im Auge, während Sie sich mit den eher alltäglichen Problemen auseinandersetzen, die auf Ihrem Weg auftauchen. Halten Sie an Ihrem Traum fest, lassen Sie sich von Rückschlägen nicht entmutigen, und Sie werden es schaffen.

DEN ENTSCHLUSS FASSEN

Versichern Sie sich zu Beginn, daß Sie ganz genau wissen, was Ihr Ziel ist. Schreiben Sie es klar und detailliert auf. Sagen Sie nicht einfach »ich möchte tanzen lernen«, sondern überlegen Sie sich genau, welche Art von Tanz Sie meinen: Wollen Sie klassische Standardtänze, Rock'n Roll oder Breakdance lernen? Sagen Sie nicht einfach, daß Sie Ihren derzeitigen Beruf aufgeben wollen. Denken Sie darüber nach, welche Art von Arbeit Sie wirklich tun möchten. Möchten Sie mehr Verantwortung haben, mehr Abwechslung, mehr Geld? Oder sind Sie auf der Suche nach einer Arbeit, bei der Sie weniger unterwegs sein müssen oder bessere Arbeitszeiten haben, um mehr Zeit für Ihre Familie oder Ihre Hobbys zu haben?

Wenn Sie Ihr Ziel präzise formulieren, können Sie leichter eine gute Gelegenheit erkennen, wenn Sie sich Ihnen bietet. Solange Sie nur vage Vorstellungen von dem haben, was Sie möchten, werden Sie direkt an Ihrem idealen Job oder Hobby vorbeigehen, weil Sie geistig nicht auf Empfang geschaltet haben. Wenn Sie Ihr Ziel im Geist klar formuliert haben, sollten Sie es auf einen Zettel schreiben und diesen an einem Ort plazieren, wo Sie ihn jeden Tag sehen. Die Notiz soll Sie daran erinnern, was Sie zu erreichen versuchen. Zeigen Sie sich selbst, daß es Ihnen ernst ist, daß Sie auf Erfolg eingestellt sind. Setzen Sie zu Beginn einen Zeitpunkt fest, an dem Sie Zwischenergebnisse prüfen. Wenn Sie sich über das, was Sie wollen, im klaren sind, sollten Sie in Ihrem Kalender eine Anmerkung machen, die Sie nach etwa zwei Wochen daran erinnert, was Sie in der Zwischenzeit erreicht haben. Haben Sie aktive Schritte auf Ihr Ziel zu gemacht? Können Sie schon irgendwelche Ergebnisse sehen? Arbeiten Sie einen Aktionsplan für die unmittelbare Zukunft aus, und gehen Sie Schritt für Schritt vor.

VORBEREITUNGEN

Bevor Sie Ihr neues Unternehmen wirklich starten können, sind gewöhnlich eine Menge Vorbereitungen erforderlich. Sie müssen herausfinden, wer die Kurse anbietet, die Sie besuchen wollen, und es ist wahrscheinlich ratsam, mehrere Institute miteinander zu vergleichen. Sie werden ein wenig »Verwaltungsarbeit« hinter sich bringen müssen, wenn Sie sich einschreiben, und vielleicht müssen Sie sich auch nach einer geeigneten Kinderfrau umschauen, die Ihren Nachwuchs betreut, während Sie außer Haus sind. Wenn Sie sich endlich dazu entschlossen haben, dieses bestimmte Regalsystem für Ihr Wohnzimmer zu bauen, müssen Sie sich vielleicht ein paar Anleitungsbücher aus der Bücherei besorgen, sich die geeigneten Werkzeuge ausleihen oder kaufen und alle erforderlichen Materialien zusammentragen.

Gehen Sie bei den Vorbereitungen so methodisch wie möglich vor; dadurch sparen Sie auf lange Sicht eine Menge Zeit. Machen Sie sich eine Liste aller Dinge, die zu tun sind, und haken Sie ab, was Sie bereits erledigt haben. Eine sorgfältige Vorbereitung erspart Ihnen viel Durcheinander, wenn Sie schließlich mit dem eigentlichen Unternehmen beginnen. Außerdem ist es noch aus einem anderen Grund hilfreich, sich hinzusetzen und die Dinge aufzuschreiben: Es zwingt Sie dazu, genau darüber nachzudenken, was Sie zu tun haben, und hilft Ihnen, Ihre Aufmerksamkeit auf den nächsten Schritt zu konzentrieren. Wenn Sie daran denken, sich selbständig zu machen, ein eigenes Geschäft zu eröffnen, gehört ein detaillierter Unternehmensplan sowie ein gewisses Maß an Marktforschung zu Ihren Vorbereitungen. Wenn Sie einen Kredit aufnehmen müssen, um beginnen zu können, müssen Sie ohnehin nachweisen, daß Ihre Geschäftsidee Hand und Fuß hat. Es kann also nicht schaden, wenn Sie Ihr Projekt von Anfang an sorgfältig durchdenken. Enthusiasmus und eine gute Idee allein genügen nicht, um ein Unternehmen lebensfähig zu machen. Material, Werkzeuge, Geschäftsräume, Werbung und Marketing kosten Geld – und zwar immer mehr als Sie dachten. Ein hoher Prozentsatz neugegründeter Unternehmen überleben das Ende des zweiten Jahres nicht – nicht, weil ihr Produkt schlecht ist, sondern weil die finanziellen Belastungen höher ausfallen, als der Jungunternehmer erwartete. Es ist daher sehr wichtig, den Rat von Experten einzuholen, bevor man Geld investiert. Den falschen Abendkurs zu wählen, ist eine Sache – einen Kredit für ein bankrottes Geschäft abzustottern, eine andere. Übernehmen Sie sich nicht finanziell! Wenn Sie ein eigenes Geschäft führen, brauchen Sie Ihren Urlaub und Ihre freien Tage – und auch die kosten Geld!

DEN SPRUNG WAGEN

Beginnen Sie *jetzt*! Sie haben inzwischen zuviel geistige und emotionale Energie investiert, um Ihr Projekt jetzt aufzugeben. Immer, wenn Sie anfangen, sich Sorgen darüber zu machen, ob Sie Erfolg haben werden, sollten Sie an jemanden denken, der bereits erreicht hat, was Sie gerade versuchen. Wenn es ein anderer kann, können Sie es auch. Glauben Sie nicht, daß die anderen ohne Probleme dorthin gelangten, wo sie jetzt sind. Ein Mensch, der sein Ziel erreicht, ist jemand, der seine Zweifel besiegt hat, der entschlossen und begeistert genug war, um weiterzumachen, als die ersten Probleme auftauchten.

Nutzen Sie Hindernisse konstruktiv. Wenn Sie es schwierig finden, Ihre Diät durchzuhalten, weil überall etwas zu essen herumsteht, dann nutzen Sie diese Gelegenheit, Ihre Schränke aufzuräumen, alte Sachen wegzuwerfen und die Lebensmittel wegzuräumen. Wenn Sie Schwierigkeiten haben, eine Kinderfrau zu finden, damit Sie Ihre Abendkurse besuchen können, dann fragen Sie eine Nachbarin oder Freundin, ob Ihre Kinder bei ihr übernachten können. Bieten Sie ihr als Gegenleistung an, daß ihre Kinder an einem anderen Abend bei Ihnen übernachten können. So hat jeder etwas gewonnen, einschließlich der Kinder, die es sicher aufregend finden, einmal in der Woche woanders übernachten zu dürfen.

Fortschritt

Wenn Sie feststellen, daß Ihr Plan sich nicht so reibungslos verwirklichen läßt, wie Sie gehofft hatten, dann heißt das nicht, daß Ihr Plan nicht gut ist. Es bedeutet lediglich, daß Sie vielleicht etwas Zeit investieren müssen, um den Fehler auszubügeln oder das Hindernis zu überwinden. Es bedeutet *nicht,* daß Sie den ganzen Plan aufgeben müssen. Flexibilität und Vorstellungskraft sind in einer solchen Situation sehr wichtig, denn Sie erlauben Ihnen, das Problem aus verschiedenen Perspektiven zu betrachten.

Wenn Sie Ihr Unternehmen aufgebaut und wirklich alles getan haben, was in Ihrer Macht steht, und nun auf die ersten Aufträge warten, können Sie entweder verzweifeln, weil nur ein Auftrag am Tag hereinkommt, oder Sie können sich sagen, daß jetzt noch Zeit ist, um ein paar gute Bücher zu lesen oder den angefangenen Pullover fertig zu stricken, denn wenn Ihr Geschäft erst einmal floriert, werden Sie für diese Dinge keine Zeit mehr haben. Sie können diese Zeit auch nutzen, indem Sie lernen, wie man sich geistig und körperlich richtig entspannt. Das wird Ihnen in Streßsituationen helfen, einen kühlen Kopf zu bewahren.

Nachdem Sie Ihr Projekt gestartet haben, sollten Sie gut beobachten, wie sich die Dinge entwickeln. Halten Sie sich eine bestimmte Zeit frei, in der Sie Ihre Fortschritte überprüfen und kontrollieren, ob noch alles nach Plan läuft. Wenn nicht, können Sie rechtzeitig Ihre Strategie ändern.

Wie Sie Ihren Forschritt beurteilen, hängt allerdings von Ihren Erwartungen ab. Haben Sie Geduld mit sich. Es braucht Zeit, bis sich eine Entwicklung abzeichnet. Es ist unrealistisch, wenn Sie von sich erwarten, daß Sie den französischen Spätfilm verstehen, ohne auf die Untertitel zu schauen, wenn Sie erst vor drei Wochen mit Ihrem Französischkurs begonnen haben; und es hat keinen Zweck, auf die Waage zu steigen, wenn Sie mit Ihrer Diät erst vor sechs Stunden angefangen haben. Geben Sie nicht auf, wenn Sie am Ende der Frist, die Sie sich gesetzt hatten, noch nicht alle überflüssigen Pfunde losgeworden sind. Es ist ohnehin viel gesünder, langsam abzunehmen. Ihr Plan, Ihr Idealgewicht zu erreichen, ist immer noch gut, wenn Sie am

Ende der Frist *überhaupt abgenommen* haben. Das ist der Punkt, an dem viele Leute aufgeben (»Oh, es hat keinen Sinn, ich schaffe es einfach nicht; ich kann ebensogut wieder essen, worauf ich Lust habe!«), obwohl nichts weiter passiert ist, außer daß ihre Erwartungen nicht mit der Realität übereinstimmen. Sie haben also innerhalb der gesetzten Frist nur halb so viel abgenommen, wie Sie hofften. Anstatt Ihren langsamen Stoffwechsel zu beklagen, sollten Sie anerkennen, wie gut Sie sich bisher gehalten haben. Es erfordert Entschlossenheit und Ausdauer, eine Diät durchzuhalten, und Sie haben gerade bewiesen, daß Sie diese Eigenschaften besitzen. Bravo! Nun nehmen Sie am besten einen tiefen Atemzug und beginnen die zweite Runde. Wenn Sie die erste Hälfte geschafft haben, dann schaffen Sie auch die zweite. Übersehen Sie auch die kleinen Fortschritte nicht: Viele kleine Stufen ergeben am Ende eine Treppe! Vielleicht erwarten wir alle, daß Entwicklung immer spektakulär sein muß, daß jede unserer Bemühungen von unserer Umgebung laut beklatscht wird – wo doch allzuoft das Gegenteil der Fall ist. Dem mit sich ringenden Nichtraucher wird gesagt: »Warum rauchst du nicht eine Zigarette? Dann hättest du zumindest wieder bessere Laune«; der begeisterte Student der italienischen Architektur bekommt zu hören, daß er besser daran getan hätte, einen Abendkurs für Klempner zu besuchen, damit er endlich die Toilette reparieren könne. Die hoffnungsfrohe Geschäftsfrau muß sich düstere Prophezeiungen von besorgten Verwandten und Freunden anhören, die ihr klarzumachen versuchen, daß Ihre Idee nicht funktionieren wird. Seltsamerweise sind das dieselben Leute, die später, wenn sich der Erfolg eingestellt hat, überall herumerzählen, sie hätten schon immer gewußt, wieviel in Ihnen steckt ..

Wenn Sie mit der Entwicklung der Dinge unzufrieden sind, müssen Sie natürlich innehalten und die Situation überdenken. Aber bedenken Sie, daß Kritik allein unproduktiv ist, wenn keine Taten folgen. In den meisten Fällen haben Sie mehr Kontrolle über Ihre Fortschritte, als Sie glauben.

Um motiviert zu bleiben, während Sie auf Ihr Ziel hinarbeiten, sollten Sie sich jeden Tag ein wenig Zeit nehmen, in der Sie sich vor Ihrem geistigen Auge ausmalen, daß Sie Ihr Ziel bereits erreicht haben. Schließen Sie die Augen, und visualisieren Sie sich selbst in allen alltäglichen Situationen ohne Zigarette in der Hand; stellen Sie sich vor, wie stolz Sie auf sich sein werden. Visualisieren Sie sich in Frankreich, wie Sie mit den Bewohnern Ihres Feriendorfes plaudern und Ihre Französischkenntnisse praktisch anwenden. Stellen Sie sich vor, wie Ihr Geschäft floriert, wie Sie es leicht und mühelos führen und die wohlverdienten Früchte Ihrer Arbeit ernten. Solche »Tagträume« sind besonders wichtig in Zeiten, in denen alles schleppend geht und Sie nahe daran sind aufzugeben. Gerade in diesen Momenten brauchen Sie eine Vision, ein inneres Bild dessen, was Sie erreichen wollen, das Ihnen helfen kann, das Tief zu überwinden, und das Ihnen die Kraft gibt, weiterzumachen und am Ende Sieger zu sein.

__13__

STRATEGIEN DES OPTIMISMUS

Wie man optimistisch bleibt, wenn etwas schiefgeht

Wenn ein Problem auftaucht und den reibungslosen Fortschritt unterbricht, sind wir nur zu schnell geneigt, an uns selbst, an unserem Ziel und an dem erfolgreichen Ausgang unseres Unternehmens zu zweifeln. Unerwartete Ereignisse, die unsere Routine unterbrechen, sind eine Bedrohung unserer Stabilität. Wir überreagieren, doch es ist gerade dieses Gefühl der Panik, das uns daran hindert, das Problem so schnell wie möglich zu lösen. Es ist nicht das Problem selbst, das unser Selbstvertrauen erschüttert – es ist unsere *Einstellung* zu diesem Problem, die einer schnellen und effizienten Lösung im Wege steht.

Vor einiger Zeit beobachtete ich einen großen Jungen, der von einem anderen, der nur halb so groß war, herumgestoßen wurde. Es schien unglaublich, daß so etwas möglich war, wenn man bedenkt, daß der größere Junge seinen Gegner mit einer einzigen Bewegung hätte beiseite drücken können. Und doch ließ er zu, daß der kleinere ihn trat und herumstieß. Vielleicht dachte er aus irgendeinem Grund, daß er sich nicht verteidigen könne oder dürfe, oder vielleicht dachte er auch, daß er es verdient habe, so behandelt zu werden. Tatsache ist jedoch, daß seine *Einstellung* es ihm unmöglich machte, seine Kraft zu nutzen und sein Problem zu lösen.

Wenn wir in Panik geraten, sobald etwas schiefgeht, verhalten wir uns ähnlich: Wir untergraben unsere eigene Fähigkeit, das Problem zu lösen. Sobald wir ein Gefahrensignal auf unserem Weg erkennen, erstarren wir, entscheiden, daß wir nicht in der Lage sind, damit fertigzuwerden, und laufen davon, mit anderen Worten, wir schöpfen unser Potential nicht aus. Wenn wir glauben, daß wir von Kräften, die außerhalb unserer Kontrolle liegen, beherrscht werden (beispielsweise dem Angreifer), werden wir uns wahrscheinlich dementsprechend verhalten. Wenn wir jedoch daran glauben, daß es in unserer Macht liegt, die Dinge zu steuern, können wir aktiv werden und unsere Vorstellungen in die Tat umsetzen. Wir müssen uns unserer eigenen Kraft *bewußt* sein, um sie im Notfall zur Verfügung zu haben.

Jedes Problem hat einen Ansatzpunkt, an dem man den »Keil hineintreiben« kann, um es zu knacken. Wenn wir eine schwierige Situation überwinden wollen, müssen wir uns allerdings mit ihr konfrontieren. Weglaufen bringt nur kurzfristige Erleichterung. Drehen Sie sich um, und blicken Sie der Bedrohung oder dem Hindernis direkt ins Auge. Sie werden feststellen, daß es nur halb so schlimm ist, wie Sie dachten. Analysieren Sie das Problem, entwirren Sie es, um eine Lösung zu finden, und Sie werden feststellen, wie es seine Macht über Sie verliert. Wenn Sie die vor Ihnen liegenden Hindernisse genau studieren, bekommen Sie die Situation unter Kontrolle und empfinden sie als nicht mehr so bedrohlich. Während Sie das Problem in kleine, handliche Einzelteile zerlegen, können Sie eines nach dem anderen bearbeiten und so das ganze Hindernis mit einem Minimum an Mühe und Angst abbauen.

Die drei wichtigsten Schritte, die uns helfen, in einer schwierigen Situation optimistisch zu bleiben, sind also Beobachten – Entscheiden – Handeln.

Betrachten wir uns einige Beispiele. Sie stellen eines Tages fest, daß eine Kollegin Ihnen gegenüber sehr kurz angebunden ist; sie scheint verärgert zu sein. Sie fragen sich, was los ist und ob Sie etwas getan haben, das diese Kollegin verstimmt haben könnte. Also beobachten Sie, wie sie sich anderen gegenüber verhält. Ist sie zu allen anderen auch unfreundlich oder nur zu Ihnen? Je nachdem, wie Sie das Verhalten Ihrer Kollegin beurteilen, müssen Sie entscheiden, was Sie unternehmen wollen. Wenn Ihre Kollegin nur zu Ihnen unfreundlich ist, können Sie ihr entweder aus dem Weg gehen und warten, bis sich das Gewitter verzogen hat (Nicht-Handeln), oder Sie können sie fragen, was los ist (Handeln). Ob Sie aktiv werden oder nicht, hängt davon ab, wie stabil Ihr Selbstwertgefühl ist. Wenn Sie andererseits aber feststellen, daß die Kollegin auch zu allen anderen Mitarbeitern unfreundlich ist, haben Sie wiederum zwei Möglichkeiten: Falls besagte Kollegin Ihnen gleichgültig ist, beschließen Sie vielleicht, sie eine Zeitlang zu ignorieren (Nicht-Handeln), oder, falls Ihnen eine angenehme Arbeitsatmosphäre wichtig ist, entschließen Sie sich vielleicht, mit ihr zu sprechen, um den Grund für ihre Verstimmung herauszufinden (Handeln).

Meistens entscheiden wir uns, nicht zu handeln, weil wir Angst vor dem haben, was wir herausfinden könnten. Anstatt nachzufragen, machen wir es uns schwer, indem wir uns alle möglichen Dinge zusammenreimen, die wir getan haben könnten, um die andere Person zu verärgern. Anstatt die Wahrheit herauszufinden, quälen wir uns mit schrecklichen Selbstanklagen, mit anderen Worten, wir flüchten in Gedankenakrobatik und bauen innere Ängste auf. Betrachten wir uns folgenden Fall: Der Heizkessel Ihrer Zentralheizung gibt plötzlich beim Einschalten beunruhigende Geräusche von sich. Die Heizanlage ist relativ neu; sie wurde erst vor zwei Jahren installiert. Sie rufen die Lieferfirma an, und nachdem der Techniker die Anlage inspiziert hat, teilt er Ihnen mit, die Pumpe müsse ausgetauscht werden und Sie müßten für die Kosten aufkommen, weil die Garantiezeit bereits abgelaufen sei. Nebenbei erwähnt er, daß der Defekt der Pumpe wahrscheinlich darauf zurückzuführen sei, daß bei der Installation der Anlage ein Ventil falsch eingesetzt wurde. Der Techniker klärt Sie auf, daß die neue Pumpe wahrscheinlich ebenfalls bald ruiniert sein wird, falls das fehlerhafte Ventil nicht ersetzt würde. Er installiert die neue Pumpe und fordert Sie auf, dafür zu bezahlen – was Sie wahrscheinlich tun. Zu diesem Zeitpunkt kochen Sie bereits vor Wut. Sie mußten nicht nur eine Reparatur bezahlen, die durch einen Fehler der Installationsfirma nötig wurde, sondern Sie müssen auch noch eine zweite Rechnung in Kauf nehmen, wenn Sie weiteren Schaden an Ihrem Heizungssystem verhindern wollen. Eine sehr ärgerliche Situation. Was können Sie also tun?

Es gibt – wie immer – eine Reihe verschiedener Möglichkeiten. Sie können toben, sich die Haare raufen und all ihren Freunden und Nachbarn von dieser unglaublichen Ungerechtigkeit erzählen, oder Sie können sich einen Moment hinsetzen und über die Sache nachdenken. Betrachten Sie die Fakten ganz ruhig. Die Heizungsfirma hat einen Fehler gemacht und erwartet von Ihnen, daß Sie dafür bezahlen, weil die Garantiezeit abgelaufen ist. Es ist unwahrscheinlich, daß die Firma Ihnen anbietet, die Reparaturen kostenlos auszuführen, wenn Sie keine Forderung stellen. Daher müssen Sie entscheiden, ob Sie weiterhin wütend sein wollen (Nicht-Handeln) oder ob Sie versuchen wollen, etwas an der Situation zu ändern (Handeln). Wenn Sie sich für die aktive Lösung entscheiden, werden Sie dem Geschäftsführer der Firma einen Brief schreiben müssen, in dem Sie den Vorfall schildern und um kostenloses Austauschen des fehlerhaften Ventils sowie um die Rückzahlung des Geldes bitten, das Sie für die Installation der neuen Pumpe bezahlt haben. Wenn Sie einen Scheck ausgestellt haben, können Sie Ihre Bank bitten, den Scheck zu sperren. Sie machen sich also bewußt, was vor sich geht, finden heraus, wo der beste Ansatzpunkt zur Lösung des Problems liegt, treffen eine Entscheidung – und setzen Ihre Vorstellung schließlich in die Tat um. Je öfter Sie diese Strategie erfolgreich anwenden, desto größer wird Ihr Vertrauen in Ihre eigene Kraft. So wachsen in Ihnen Optimismus und Selbstvertrauen, ein Selbstvertrauen, das auf Ihren Erfolgen bei der Problembewältigung beruht.

Wenn Sie mit einer konstruktiven Einstellung an Schwierigkeiten herangehen, erweitern Sie Ihre Möglichkeiten, denn je geübter Sie im Lösen kleiner Probleme sind, desto wahrscheinlicher ist es, daß Sie auch mit größeren fertigwerden. Indem Sie lernen, mit schwierigen Situationen umzugehen, erweitern Sie die Grenzen Ihrer Wahrnehmung möglicher Erfahrungen und Handlungen; Sie sind in der Tat auf dem Weg, eine eigenständige Persönlichkeit zu werden. Beseitigen Sie Hindernisse, und vergessen Sie sie! Sie können alles, was Sie *wirklich* wollen. Sie *können* Schwierigkeiten überwinden, und Sie werden dabei sich selbst kennenlernen, Ihre Fähigkeiten und Ihre Kraft, Dinge zu erreichen.

Wie man optimistisch bleibt, wenn man von Pessimisten umgeben ist

Es ist eine altbekannte Tatsache, daß ein einzelner mißmutiger Mensch die Atmosphäre eines ganzen Büros oder einer ganzen Abteilung vergiften kann. Eine übellaunige Sekretärin sät Zwietracht und Streit, und die anderen werden anfällig für diese Schwingungen. Bevor man sich noch im klaren ist, was eigentlich vor sich geht, ist die Luft von Pessimismus und Niedergeschlagenheit erfüllt, die ansteckend wie eine Erkältung sind. Selbst wenn Ihnen bewußt ist, daß Sie nicht für die Stimmung Ihrer Kollegen verantwortlich sind, ist es schwer, sich so weit davon zu distanzieren, daß eine Ansteckung unmöglich ist. Betrachten wir uns die Situation einmal aus einer anderen Persepktive. Erinnern Sie sich an Ihr eigenes letztes Stimmungstief. Was half Ihnen, Ihre schlechte Stimmung zu überwinden? Haben Sie sich einfach selbst aus dem Sumpf gezogen, oder kam ein anderer Mensch als rettender Engel auf Sie zu? Was wünschen Sie sich von anderen Menschen in solchen Momenten? Wie sollen sich die anderen Ihnen gegenüber verhalten, wenn Sie in schlechter Stimmung sind? Was können die anderen tun, damit Sie sich wieder besser fühlen? Es ist normalerweise ein freundliches Wort, das uns innehalten und entspannen läßt. Wenn jemand bereit ist, Ihnen ein wenig Zeit zu schenken und Ihnen zuzuhören, werden Sie wahrscheinlich aus Ihrer Anspannung herausfinden und die Dinge wieder ins Gleichgewicht bringen. Das Gefühl, daß Sie einem anderen Menschen so wichtig sind, daß er Sie fragt, was mit Ihnen los ist, hat in sich schon therapeutischen Wert. Niemand *will* schlechte Stimmung und Disharmonie, nicht einmal derjenige, der sie verbreitet. Deshalb hat es keinen Sinn, die betreffende Person so zu behandeln, als würde sie es mit Absicht tun.

Sie mögen davor zurückschrecken, auf einen schlecht gelaunten Freund zuzugehen, aber ihn zu ignorieren, ist auch keine Lösung, denn dadurch fühlt sich der andere noch schlechter. Selbst wenn Ihr Freund Ihnen auf Ihre Frage, was denn los sei, ein »gar nichts!« entgegenschleudert – lassen Sie sich nicht entmutigen. Denken Sie daran, daß die harte, abweisende Reaktion in Wirklichkeit zeigt, wie unglücklich Ihr Freund ist. Manchen Menschen muß man eine ganze Weile gut zureden, bis sie aus ihrer Glasglocke herauskommen, andere wiederum reagieren schneller auf Ihre Bemühungen.

Echte, ehrlich gemeinte Freundlichkeit kann für einen mutlosen, niedergeschlagenen Menschen eine große Hilfe sein. Sie können moralische Unterstützung geben, indem Sie die starken und guten Seiten des Betreffenden erwähnen und ihm so helfen, auch selbst besser über sich zu denken. Es ist jedoch sehr wichtig, daß Ihr Lob ehrlich ist, denn unehrliche Komplimente helfen niemandem. Sie können einen Menschen auf jeden Fall ermutigen, indem Sie seine Bemühungen anerkennen, sich zum Positiven hin zu verändern.

Ein kleines Mädchen, das – wenngleich sehr zögernd – seine Süßigkeiten mit seinem Bruder teilt, wird eher bereit sein, auch in Zukunft zu teilen, wenn es dafür gelobt wird. Eine Bemerkung wie »es wurde aber auch Zeit, daß du mal etwas abgibst« ist negativ und deutet an, daß die Bemühungen des Kindes die Eltern gerade noch zufriedenstellen und nichts Besonderes sind. Positive Rückmeldung schafft eine Atmosphäre von Akzeptanz und Verstehen und macht es Menschen leichter, ihre Schwächen zu überwinden und sich zum Positiven hin zu entwickeln. Machen Sie es sich zur Pflicht, andere zu loben. »Klatschen« Sie konstruktiv, nicht destruktiv. Wir neigen dazu, nur sensationelle Neuigkeiten weiterzuerzählen, doch diese sind meistens negativer Art. Wir können das ins Gegenteil verkehren und eine Atmosphäre der Begeisterung statt der düsteren Prophezeiungen schaffen. Wie bereits an anderer Stelle in diesem Buch besprochen, sind negative Nachrichten nur *ein Teil der Realität* und können kein repräsentatives Bild des Lebens zeichnen. Indem wir unsere Aufmerksamkeit auf die positiven Seiten richten, schaffen wir guten Willen und Freude, und plötzlich erscheint das Leben in einem positiveren Licht. Erinnern wir uns wieder an den berühmten Silberstreifen – in Großaufnahme! Das Leben ist zu kurz, um es mit Pessimismus zu vergeuden.

Wie man Herr über seine Gefühle und sich selbst wird

In meiner Hypnotherapiepraxis behandle ich Menschen, die unter den verschiedensten emotionalen Problemen, unter Depressionen, Angstzuständen, Phobien, Minderwertigkeitskomplexen, Migräne, Stottern, Eßstörungen und anderen Zuständen leiden, bei denen das psychische Gleichgewicht gestört ist. Die Ursachen dafür liegen entweder weit zurück in der Kindheit oder in einem oder mehreren traumatischen Vorfällen, die noch nicht so lange zurückliegen. Normalerweise beschäftigt ein traumatisches Ereignis einen Menschen auf der bewußten oder unbewußten Ebene so lange, bis es genügend verarbeitet wurde, um im Gedächtnis »ad acta« gelegt zu werden. Wenn ein Ihnen nahestehender, geliebter Mensch stirbt, machen Sie verschiedene Phasen durch: Unglauben, Trauer, Wut und Reue, bis Sie den Verlust überwunden haben und in der Lage sind, wieder am Leben teilzunehmen und sich zu freuen. Wenn Sie überfallen oder beraubt worden sind, werden Sie viele Wochen brauchen, um sich von dem Schock zu erholen, und weitere Monate, um Ihr altes Selbstbewußtsein wiederzuerlangen, doch selbst dann hinterläßt ein solches Ereignis tiefe Narben. Selbst wenn Sie alle möglichen Vorsorgemaßnahmen treffen, beispielsweise eine Alarmanlage anbringen oder Ihre Türen und Fenster mit Extraschlössern versehen, werden Sie sich doch noch lange Zeit unsicher und ängstlich fühlen.

Wenn ein traumatisches Ereignis so unerträglich ist, daß wir uns in unserer Existenz bedroht fühlen, werden wir diese Erinnerung verdrängen, so als hätte dieses Ereignis niemals stattgefunden. Dies ist ein innerer Schutzmechanismus, der es einem Menschen ermöglicht, sein Leben weiterzuführen – wie schlecht auch immer –, statt über dem, was ihm widerfuhr, wahnsinnig zu werden.

Wenn ich von »unerträglichen« Ereignissen spreche, so muß man das relativ sehen. Ereignisse, die bei einem Kind tiefe Ängste auslösen, haben vielleicht bei einem anderen nicht diese Wirkung; Situationen, die für ein Kind untragbar sind, kann ein Erwachsener möglicherweise leicht ertragen. Das Ausmaß, in dem ein Mensch durch ein Unglück erschüttert wird, hängt von seiner Persönlichkeit und den zum fraglichen Zeitpunkt bestehenden Lebensumständen ab.

Aber selbst wenn eine bedrohliche Erinnerung unterdrückt wird, sind die Gefühle, die mit dem Ereignis einhergingen, noch präsent und kreieren einen inneren Druck, der sich auf irgendeine Weise entladen muß. Dieser Druck wird entweder nach außen gerichtet und manifestiert sich als Wut oder Aggression, oder er richtet sich nach innen und macht sich als Depression oder Angst bemerkbar. Manchmal treten frei fließende Ängste auf, bei denen der Betreffende gar nicht weiß, wodurch die Panikattacke ausgelöst wird; in anderen Fällen wird die Angst auf bestimmte Objekte projiziert, zum Beispiel auf Aufzüge, Höhen, Vögel, offene Plätze und so weiter.

In jenen Fällen, in denen verdrängte Ereignisse persönliches Wachstum verhindern, muß man herausfinden, welche Ursache dieser Blockierung zugrunde liegt. Dazu benötigt man vielleicht professionelle Hilfe. Ein qualifizierter Hypnotherapeut, der außerdem in Psychoanalyse ausgebildet ist, kann helfen, verdrängte Ereignisse an die Oberfläche zu bringen, damit man sie bearbeiten kann. Insbesondere Hypnose ist ein sehr wertvolles Werkzeug in diesem therapeutischen Prozeß. Wenn das verdrängte Material erst einmal ins Bewußte aufgestiegen ist, kann man auf erwachsene Art und Weise damit umgehen und es verarbeiten. Es wird dann zu einem Teil der bewußten Erinnerung der betreffenden Person. So können negative Gefühle, die mit den verdrängten Inhalten gekoppelt waren, freigesetzt und aufgelöst werden. Menschen, die durch eine Analyse gegangen sind und ein verdrängtes Ereignis ans Licht geholt und verarbeitet haben, spüren oft sofort die emotional befreiende Wirkung, indem sie feststellen, daß sie nicht mehr so schnell außer sich geraten wie früher. Es ist, als würde man den Stöpsel aus einem Dampfkessel ziehen, damit der Dampf entweichen kann. So muß der Kessel nicht ex- oder implodieren. Paradoxerweise besteht die einzige Möglichkeit, seine Gefühle zu beherrschen, darin, sie herauszulassen. Je mehr Kraft Sie aufwenden, um negative Gefühle zu unterdrükken, desto stärker werden diese Gefühle Sie beherrschen. Natürlich ist es nicht jederzeit möglich oder gesellschaftlich akzeptabel, Gefühle auszudrücken. Es ist auch nicht immer ratsam. Im Beruf kann es zum Beispiel von Nachteil sein, wenn man zu schnell »explodiert«, ebenso wie es ein Hindernis sein kann, wenn man zu ängstlich ist oder nicht nein sagen kann. In einem sozialen Gefüge wird vom einzelnen eher erwartet, daß er seine Wut unterdrückt als seine Angst. Ein wütender Mensch ist viel weniger annehmbar als ein schüchterner. Seltsamerweise gehen beide Verhaltensweisen, obwohl sie doch so gegensätzlich scheinen, auf die gleiche Ursache zurück: Angst.

Ein Mensch, der vor Wut explodiert, ist jemand, der zuließ, daß sich Ärger in ihm aufstaute, und das bedeutet, daß er nicht den Mut hatte, die einzelnen ärgerlichen Vorkommnisse anzusprechen, als sie aktuell waren. Die Unfähigkeit, unerfreuliche Dinge sofort auszusprechen, führt dazu, daß sich Groll aufstaut und zu einem Bündel Dynamit wird, das beim kleinsten Funken in die Luft geht. Der einzige Unterschied zwischen der aggressiven Person und der ängstlichen besteht darin, daß der Aggressive explodiert, während der Ängstliche implodiert, wobei letzterer im Extremfall depressiv wird. Obwohl es in manchen Fällen ratsam scheint, professionelle Hilfe zu suchen, können Sie doch einige Dinge allein lernen und erreichen. Es ist wichtig, daß Sie mit *kleinen* Schritten anfangen. Sie werden nur dann eine Enttäuschung erleben, wenn Sie zu große Schritte machen wollen. Falls Sie schüchtern sind und Schwierigkeiten haben, mit Menschen ins Gespräch zu kommen, sollten Sie es nicht zu Ihrer ersten Aufgabe machen, allein in die örtliche Diskothek zu gehen. Es ist vernünftiger, zunächst einmal zu versuchen, mit Menschen Kontakt aufzunehmen, die Sie kennen, Menschen, bei denen Sie einigermaßen sicher sind, daß sie Sie mögen. Nehmen Sie sich vor, einen Bekannten, den Sie treffen, von sich aus anzusprechen, anstatt darauf zu warten, daß Sie angesprochen werden. Bitten Sie um einen kleinen Gefallen, oder äußern Sie überlegt Ihre eigene Meinung. Wenn Ihnen diese kleinen Aufgaben (die Ihnen am Anfang sehr groß erscheinen mögen) leicht fallen, können Sie sich an eine schwierigere Stufe wagen. Wenn Sie etwas versuchen, das von Ihren gegenwärtigen Möglichkeiten und Fähigkeiten zu weit entfernt ist, wird das zuviel Angst und Befangenheit in Ihnen hervorrufen und somit eher ein Scheitern provozieren.

Auf einer fortgeschrittenen Stufe müssen Sie lernen, Ihre Furcht vor Auseinandersetzungen zu verlieren. Viele Menschen tun alles, um einen Streit zu vermeiden, selbst wenn das bedeutet, daß sie auf ihre eigenen Interessen verzichten müssen. Sie können erregte Stimmen oder einen heftigen Ausbruch nicht ertragen, und allein der Gedanke, in eine laute Auseinandersetzung verwickelt zu sein, versetzt sie in Panik.

Es ist gut, sanft zu sein – solange es keine Vermeidungsstrategie ist. Wenn Sie anderen auf Kosten Ihrer eigenen Interessen zu oft nachgeben, fangen Sie irgendwann an, negative Gefühle wie Groll, Wut und Frustration aufzustauen. Fangen Sie an, Ihre eigenen Bedürfnisse ernst zu nehmen und mitzuteilen. Ein Streit entsteht oft erst dann, wenn zwei Menschen es versäumt haben, miteinander über ihre Bedürfnisse zu sprechen und dies nun auf emotionale Weise tun müssen. Verhandeln Sie zu einem frühen Zeitpunkt über Ihre Position. Das erlaubt Ihnen, sachlich zu bleiben. Je länger Sie es hinauszögern, Ihre Wünsche zu äußern, desto schwieriger wird es für Sie. Es ist lächerlich, sich täglich Erbsensuppe vorsetzen zu lassen, wenn man Erbsensuppe nicht ausstehen kann und nur aus lauter Höflichkeit nicht wagt, es zu sagen. Je länger die Situation andauert, desto größer wird Ihre Abneigung gegen die Suppe und desto peinlicher wird es für Sie, das auszusprechen – Sie haben sich festgefahren.

Wir sehen die Dinge oft dramatischer als sie letztendlich sind. Wir meinen, wir müßten hart kämpfen, um das zu bekommen, was wir möchten. Wir bereiten uns innerlich darauf vor, Türen aufzubrechen, nur um festzustellen (wenn wir endlich den Mut gefunden haben, uns auszudrücken), daß die Türen nicht nur offen sind, sondern daß die andere Seite auch durchaus kooperativ ist. Sehr selten treffen wir wirklich auf den Widerstand, den wir erwarten. Das Problem sieht in unseren Gedanken weit schlimmer aus als es ist, weil wir es in unserer Vorstellung ungeheuer aufblasen.

Die meisten von uns sind Experten darin geworden, pessimistisch zu sein – trotz der Fakten, die beweisen, daß unsere Bemühungen meistens *erfolgreich* verlaufen. Dennoch lassen wir uns von einem einzigen Fehlschlag mehr beeindrucken als von hundert *Erfolgen*.

Wir können viel dafür tun, eine optimistische Grundhaltung zu entwickeln und zwar nicht nur, wenn wir ängstlich oder schüchtern sind, sondern auch dann, wenn es darum geht, unsere Ungeduld und unseren Jähzorn zu meistern. Wenn Sie sehr schnell ungeduldig mit anderen werden, ist es sehr wahrscheinlich, daß Sie zu jenen Menschen gehören, die sich selbst nicht verzeihen können, wenn sie einen Fehler machen. Üben Sie mehr Nachsicht mit sich selbst. Gönnen Sie sich eine Pause, treten Sie einen Schritt zurück, und versuchen Sie, einen Wutausbruch zehn Sekunden hinauszuzögern. Wenn Sie unbedingt schreien müssen, dann nehmen Sie sich zumindest hinterher die Zeit, die Dinge in Ruhe zu klären. Erklären Sie, was Sie möchten, und erklären Sie es genau. Hören Sie sich an, was die andere Person zu sagen hat, und hören Sie genau hin. Das Zusammenleben und -arbeiten mit anderen ist eine Sache des Verhandelns, keine Schlacht. Was genau ist es, das Sie ärgert? Gehen Sie in die Luft, wenn jemand Sie einen Geizkragen nennt? Falls Ihre Antwort »ja« lautet, dann heißt das, daß der andere einen wunden Punkt bei Ihnen berührt hat – und das bedeutet gewöhnlich, daß Sie selbst glauben, daß der Vorwurf irgendwie berechtigt ist, jedoch vermeiden wollen, sich mit dieser Seite Ihres Selbst auseinanderzusetzen.

Fangen Sie an, auf Ihre eigenen Gefühle zu achten. Lernen Sie wahrzunehmen, wann Sie beginnen, sich unwohl oder unbehaglich zu fühlen, und überprüfen Sie die Situation sofort. Was genau ist es, das in Ihnen ein Gefühl des Unbehagens auslöst? Beobachten Sie Ihre Gefühle, schätzen Sie die Situation ein, und tun Sie etwas dagegen, solange Sie noch relativ ruhig sind. Ganz gleich, wieviel Schuld die andere Person Ihrer Meinung nach an der Situation hat, klagen Sie nicht an, und vermeiden Sie den erhobenen Zeigefinger. Denken Sie daran, daß jedesmal, wenn Sie mit dem Finger auf jemanden zeigen, drei andere Finger auf Sie zeigen. Wenn Sie den anderen anklagen, kann das leicht zu einer Eskalation des Konfliktes führen, und außerdem könnte es für Sie sehr peinlich werden, wenn sich herausstellt, daß Ihre Verdächtigungen unbegründet waren . . . In sogenannten Selbstbehauptungskursen wird eine Methode gelehrt, die in diesem Zusammenhang sehr wertvoll ist: Beginnen Sie Ihre Sätze mit »ich« statt mit »du«. »Du«-Sätze wie: »Du vergißt immer, die Tür abzuschließen!« oder »Du gehst nie mit mir ins Theater!« sind anklagend, während Sätze wie: »Ich habe mich geärgert, daß die Tür schon wieder unverschlossen war« oder: »Ich würde wirklich gern mit dir ins Theater gehen« viel eher eine positive Reaktion hervorrufen.

Wutausbrüche ängstigen die Menschen in Ihrer Umgebung, und obwohl wütend vorgebrachte Forderungen oft erfüllt werden, werden sie doch nur zähneknirschend erfüllt. Aggression führt dazu, daß der Aggressor gefürchtet und gehaßt wird, denn er treibt die andere Person in die Enge, ohne ihr Gelegenheit zu geben, ihren Standpunkt klarzumachen.

Es ist völlig in Ordnung, deutlich zu sagen, daß Sie nicht mit der Art und Weise einverstanden sind, in der ein Kollege Sie behandelt oder in der Ihre Projektgruppe arbeitet. Nicht in Ordnung ist es, wenn Sie sich die Seele aus dem Leib brüllen, um den anderen Ihren Standpunkt klarzumachen. Helfen Sie sich selbst, mehr Selbstbewußtsein zu entwickeln, und fangen Sie mit kleinen Schritten an.

Wenn Ihre Wut einen Punkt erreicht hat, an dem Sie sie auf die eine oder andere Weise »herauslassen« müssen, kann die folgende Übung hilfreich sein (wenn Sie nicht mehr unmittelbar mit der frustrierenden Situation oder Person konfrontiert sind).

DER »WUT-RAUM«

Setzen Sie sich oder legen Sie sich hin, und schließen Sie die Augen. Atmen Sie einmal tief ein und aus, und bereiten Sie sich innerlich darauf vor, *wirklich* wütend zu werden. Stellen Sie sich vor, daß Sie am Fuße einer Treppe mit zehn Stufen stehen. Beginnen Sie, die Treppe hinaufzusteigen. Mit jeder Stufe, die Sie betreten, werden Sie wütender.

Oben angekommen, stehen Sie vor einer schwarzen Tür mit der Aufschrift »WUT-RAUM«. Sie strecken die Hand aus, drehen den Türknauf herum, öffnen die Tür und betreten den Raum. Schließen Sie die Tür hinter sich. Sie befinden sich jetzt in einem Zimmer, das mit angestoßenem Porzellan, alten Gläsern, Figuren und anderen zerbrechlichen Dingen angefüllt ist.

Lassen Sie *jetzt* Ihre Wut heraus, und zerschmettern Sie

jedes einzelne Stück. Werfen Sie Teller, Tassen und Gläser auf den Boden, trampeln Sie darauf herum (Sie tragen natürlich feste Schuhe!). Springen Sie auf den Scherben herum, und stellen Sie sich vor, wie Sie dabei schreien und toben. Nachdem Sie den gesamten Inhalt des Zimmers demoliert haben, setzen Sie sich einen Augenblick hin und schauen sich um. Sie sehen eine zweite Zimmertür, auf der die Aufschrift »LÖSUNG« zu sehen ist.

Gehen Sie zu dieser Tür hinüber, und öffnen Sie sie. Betreten Sie das »Lösungs-Zimmer«. Sie sehen darin einen einfachen Tisch mit zwei Stühlen. Auf einem der Stühle sitzt die Person, auf die Sie wütend sind.

Gehen Sie durch den Raum, und setzen Sie sich auf den zweiten Stuhl. Beginnen Sie, mit der anderen Person zu sprechen. Sagen Sie: »Ich möchte über das sprechen, was heute/ kürzlich vorgefallen ist. Ich habe das Gefühl, daß...«, und fahren Sie fort, über Ihren Ärger in allen Einzelheiten zu sprechen. Bleiben Sie dabei ruhig. Stellen Sie sich vor, daß Ihr Gesprächspartner nichts erwidert, während Sie sprechen, und Ihnen aufmerksam zuhört.

Nachdem Sie alles gesagt haben, gehen Sie hinüber zu einer dritten Tür mit der Aufschrift »ENTSPANNUNG«. Sie öffnen die Tür und gehen eine Treppe mit zehn Stufen hinunter. Stellen Sie sich vor, daß Sie mit jeder Stufe entspannter werden, froh, daß diese Last von Ihnen abgefallen ist.

__14__

STRATEGIEN ALS WERKZEUGE

Lernen Sie, nichts zu tun

Sie fragen sich vielleicht, was ein Kapitel über »Nichtstun« in einem Buch über persönliches Wachstum zu suchen hat. Persönliches Wachstum bedeutet doch Aktion, Bewegung, Energie, Dynamik! Ja, das ist richtig, und die aktive Komponente ist wahrscheinlich der am häufigsten publizierte Aspekt in diesem Zusammenhang. Und doch ist es nur *ein* Aspekt. Niemand kann den ganzen Tag aktiv und energiegeladen sein, niemand kann ständig mit Volldampf fahren.

»Nichtstun hört sich vielleicht wie die einfachste Sache der Welt an, aber für manche Menschen ist es praktisch unmöglich, nichts zu tun. Sie können keine angefangene Arbeit liegenlassen, bringen es nicht fertig, sich bei einer anstrengenden Tätigkeit eine Pause zu gönnen, und es ist für sie undenkbar, einen Teil ihrer Arbeit an andere zu delegieren. Allein die Vorstellung, einen Moment lang untätig dazusitzen, erfüllt diese Menschen mit Unruhe und zwingt sie, etwas zu finden, das noch erledigt werden muß. Falls Sie der Meinung sind, daß diese Beschreibung übertrieben ist, so möchte ich Ihnen versichern, daß es sich hier um ein sehr reales Problem vieler Menschen in unserer modernen Gesellschaft handelt. Nicht nur Manager, auch Hausfrauen leiden unter diesem zwanghaften Geschäftigkeitstrieb. Das Problem beginnt sich oft dann zu manifestieren, wenn der oder die Betreffende eine besonders schwierige, spannungsgeladene Zeit durchmacht, beispielsweise, wenn ein Verwandter schwer erkrankt und rund um die Uhr gepflegt werden muß oder wenn die Firma umstrukturiert wird und der eigene Arbeitsplatz in Gefahr gerät. Unter Dauerstreß stehen häufig auch Frauen, die einen Beruf und ihre Familie unter einen Hut bringen müssen, oder Menschen, die in einer feindlichen, unkooperativen Atmosphäre arbeiten. Unter solchen Umständen mobilisieren Menschen alle ihre Kräfte, um durchzuhalten und ihre physische und emotionale Erschöpfung zu überwinden, sie fahren, mit anderen Worten, ständig »auf Reserve«.

Wir alle tragen diese Kraftquelle in uns, damit wir in besonders schweren Zeiten überleben können, aber diese Quelle ist nicht unerschöpflich.

Da der Streß und die mit ihm einhergehenden negativen Nebenwirkungen uns langsam und allmählich angreifen, ist es schwer zu beurteilen, wann der Zeitpunkt gekommen ist, an dem wir ihn nicht mehr ertragen können und uns von allem zurückziehen müssen. Wir neigen dazu, körperliche Warnsignale wie Kopfschmerzen, Erschöpfung und Schlaflosigkeit zu ignorieren, und je stärker unser Pflichtgefühl ausgeprägt ist, desto eher werden wir diese Anzeichen beiseite schieben.

Wenn wir anfangen, Kleinigkeiten übermäßige Aufmerksamkeit zu schenken, und versuchen, alles gleichzeitig zu tun, dann ist das ein klares Signal dafür, daß wir überarbeitet sind oder unter emotionalem Streß stehen. Wenn Ihre Gastgeberin das Staubtuch hervorholt und noch einmal über die Fensterbänke wischt, nachdem sie die Drinks serviert hat, wenn eine Kollegin am Arbeitsplatz durchdreht, weil sie versucht, gleichzeitig einen Brief zu diktieren, einen Anruf zu machen und ihren Schreibtisch aufzuräumen, wenn Sie erschöpft vom Büro nach Hause kommen und trotzdem meinen, noch die gesamte Wohnung aufräumen und alle Teppichböden saugen zu müssen, bevor Sie sich zur Ruhe begeben können, dann ist die Grenze zwischen Aktivität und Überaktivität bereits überschritten. Ein weiteres Warnsignal ist eine übermäßig hohe Lärmempfindlichkeit. Wenn man diesen inneren Zwang zur Überarbeitung nicht rechtzeitig erkennt, verbraucht man seine letzten Kraftreserven, bis man völlig ausgepumpt ist. Das ist normalerweise der Punkt, an dem ernsthafte gesundheitliche Probleme auftreten. Ein Nervenzusammenbruch ist ein klassisches Beispiel von Überlastung durch Streß.

Wie bereits erwähnt, ist gerade der gewissenhafte Persönlichkeitstyp, dessen Pflichtbewußtsein stark ausgeprägt ist, besonders gefährdet. Er neigt leicht dazu, sich zu übernehmen. Auch wenn die ursprüngliche Streßursache längst nicht mehr existiert, wird die gleiche Arbeitsroutine beibehalten, weil der Betreffende nicht mehr »herunterschalten« und sich entspannen kann. Ständige Überarbeitung ist eigentlich ein Symptom, das auf der Unfähigkeit beruht, sich selbst ernst zu nehmen. Es ist lobenswert, wenn Sie nicht über jede kleine Unpäßlichkeit jammern, aber es ist töricht, permanentes physisches oder emotionales Unwohlsein zu ignorieren. Ein Mangel an Einsicht und ungenügende Kenntnis der eigenen Grenzen sind das Resultat einer Erziehung, bei der das Kind von klein auf mit zu hohen Anforderungen konfrontiert und emotional dazu erpreßt wird, außergewöhnliche Leistungen zu erbringen, um die Anerkennung der Eltern zu erhalten. Wenn die Eltern schwer zufriedenzustellen sind, kann das schließlich zu einer Situation führen, in der das Kind niemals »gut genug« sein kann. Das ist die Ursache für die später im Leben auftretende, verzweifelte Sucht, besonders hart zu arbeiten, um von anderen gemocht und respektiert zu werden. Der Gedanke, um seiner selbst willen geliebt zu werden, existiert in der Vorstellungswelt eines »Arbeitssüchtigen« überhaupt nicht, weil er diese bedingungslose Liebe von seinen Eltern nie bekommen hat.

Nicht jedem wird es gelingen, sich von diesem inneren Zwang zu übertriebener Aktivität selbst zu befreien. Oft ist die Hilfe eines Therapeuten nötig, um die Vergangenheit durchzuarbeiten, so daß der Betreffende neue Wahlmöglichkeiten erhält. Es gibt jedoch ein paar positive Schritte, die man allein machen kann, um wieder Kontrolle über das eigene Leben zu erlangen. Sie sind am Ende dieses Kapitels im »Stufenplan« beschrieben. Sich selbst wieder zum Meister des eigenen Aktivitätsniveaus zu machen, bedeutet, daß man lernt, sich Zeit für sich selbst zu nehmen, sich einmal von seinen Pflichten zu distanzieren und sich kleine Inseln der Erholung zu schaffen, die einem erlauben, Atem zu holen, und helfen, gesund zu bleiben. Hat man seine Kräfte erst einmal übermäßig verausgabt, dauert es gewöhnlich sehr lange, bis man seinen Energiepegel wieder erreicht hat; es kann Monate, in schweren Fällen sogar Jahre dauern. Je eher Sie also lernen, »nichts« zu tun (und es zu genießen!), desto besser für Sie.

STUFENPLAN

Stufe 1
Stellen Sie sich selbst folgende Fragen:

a) Wem möchten Sie »es recht machen«, indem Sie soviel arbeiten?

Ihren Eltern
Ihrem Chef
Ihren Kollegen
Ihrem Ehemann/Ihrer Ehefrau
Ihren Kindern
der Kirche
dem Finanzamt
sich selbst

b) Was haben die folgenden Personen kürzlich getan, um es Ihnen recht zu machen?

Ihre Eltern
Ihr Chef
Ihre Kollegen
Ihr Ehemann/Ihre Ehefrau
Ihre Kinder
die Kirche
das Finanzamt
Sie selbst

Falls die zweite Frage Ihnen seltsam erscheint: Weshalb? Sind Sie so eifrig damit beschäftigt, anderen einen Gefallen zu tun, daß Sie ganz vergessen haben, daß Sie selbst auch ein Anrecht darauf haben, gut behandelt zu werden?

c) Haben Sie kürzlich Hilfe, die Ihnen angeboten wurde, zurückgewiesen?

Wenn ja, geschah das,
– weil Sie glauben, daß es nicht zählt, wenn Sie nicht alles selbst machen?
– weil Sie den anderen nicht zutrauen, die Dinge korrekt zu erledigen?
– weil Sie nicht zugeben wollen, daß Sie die Arbeit nicht alleine schaffen?

Bitte nehmen Sie sich die Zeit, sorgfältig über die oben genannten Gründe nachzudenken. Es gibt Zeiten im Leben, in denen man so mit Arbeit zugedeckt ist, sich um so viele Dinge kümmern muß, daß eine Person allein das Pensum unmöglich bewältigen kann. Dann ist es eher ein Zeichen von Intelligenz denn von Schwäche, sich von anderen helfen zu lassen. Es ist ein Zeichen von Intelligenz, wenn man mit seinen Kräften sorgfältig haushaltet, anstatt sich zu Tode zu schuften.

Wenn Sie erst einmal krank im Bett liegen, können Sie gar nichts mehr tun. Es ist also besser, jemandem zu erlauben, zumindest einen Teil der Last von Ihren Schultern zu nehmen. Wenn Sie Arbeiten delegieren, kann es natürlich vorkommen, daß die Dinge nicht ganz Ihrem persönlichen Standard entsprechend erledigt werden, und das ist vielleicht einer der Gründe, weshalb Sie zögern, Arbeit abzugeben. In einer Zeit der Arbeitsüberlastung ist jedoch kein Platz für Perfektionismus. Sie müssen Prioritäten setzen, den Teil der Arbeit selbst tun, der Ihnen am wichtigsten ist, und weniger kritische Arbeiten delegieren. Das nennt man Management, ganz gleich, ob Sie eine Firma, eine Abteilung oder eine Familie zu leiten haben. Die Regeln sind die gleichen: Einer kann nicht alles tun! Die Aufgabe des Managers ist es zu »managen«, und dazu gehört auch, Arbeiten zu delegieren.

Stufe 2
Gönnen Sie sich Pausen.

Planen Sie in Ihrem Arbeitsalltag bestimmte Zeiten zu Ihrer Erholung und Entspannung ein. Nehmen Sie diese Pausen genauso wichtig wie Ihre Arbeit. Sie sind es!

Stufe 3
Beurteilen Sie Ihren Gesundheitszustand.

Leiden Sie häufig an
– Erkältungen
– Magenbeschwerden
– Reizdarm
– Verdauungsproblemen
– Durchfall
– Herzrhythmusstörungen
– Übelkeit
– Schwindelgefühlen
– Erschöpfungszuständen?

Falls Sie mit mehr als einem dieser Symptome zu kämpfen haben, gibt Ihr Körper Ihnen ein deutliches Warnsignal. Bitte nehmen Sie es ernst. Lassen Sie sich ärztlich untersuchen. Falls keine organischen Ursachen gefunden werden, ist Ihr Streßpegel entschieden zu hoch und muß gesenkt werden! Beginnen Sie, auf Ihren Körper zu hören, und treiben Sie sich nicht ständig über die eigenen Grenzen hinaus.

Stufe 4
Erinnern Sie sich daran, kürzer zu treten.

Schreiben Sie sich selbst eine Notiz mit folgendem Wortlaut: »Arbeiten ohne Pause ist ineffizient und schadet meiner Gesundheit – daher ist es meiner persönlichen Weiterentwicklung abträglich.« Lesen Sie diese Notiz mehrmals täglich.

Stufe 5
Lernen Sie, sich zu entspannen.

Es gibt verschiedene Möglichkeiten. Die einfachste besteht wahrscheinlich darin, sich einen Walkman und eine Entspannungskassette mit sanfter Musik oder einer angenehmen Phantasiereise zu kaufen.

Entspannung bedeutet nicht unbedingt, daß der Verstand vollkommen »leer« sein muß. Im Idealfall könnten Sie diesen

Zustand nach einer langen Übungszeit erreichen, aber das ist nicht ausschlaggebend. Es ist völlig in Ordnung, zu denken, während man sich entspannt – vorausgesetzt, *man denkt an etwas Erfreuliches.*

Es ist sehr schwierig, an gar nichts zu denken, und es kann sehr entmutigend sein, wenn Sie sich gegen Ende Ihrer wohlverdienten Pause völlig frustriert fühlen, weil es Ihnen nicht gelungen ist, alle Gedanken aus Ihrem Kopf zu verbannen.

Im folgenden finden Sie eine Übung, die Ihnen sehr schnell zu körperlicher Entspannung verhelfen kann und ganz leicht durchzuführen ist.

Entspannungsübung

– Setzen Sie sich auf einen bequemen Stuhl. Achten Sie darauf, daß weder Arme noch Beine verschränkt sind, und stellen Sie die Füße flach auf den Boden.

– Lauschen Sie nun den von außen an Ihr Ohr dringenden Geräuschen, den Autos auf der Straße, den Lauten aus der Nachbarschaft, Flugzeugen und so weiter.

– Richten Sie Ihre Aufmerksamkeit nun wieder auf die unmittelbare Umgebung Ihres Zimmers, und konzentrieren Sie sich darauf, *wie* Sie auf Ihrem Stuhl sitzen. Spüren Sie bewußt, wo Ihr Kopf ist, wo Ihre Arme, Hände, Ihr Rumpf, Ihre Beine und Ihre Füße sich befinden. Bewegen Sie sich nicht; denken Sie nur an diese Körperteile, während Sie sich auf sie konzentrieren.

– Spannen Sie Ihre Füße an, halten Sie die Spannung für einen Moment, und lassen Sie sie dann wieder los. Tun Sie das gleiche mit Ihren Beinen, Ihrem Bauch, Ihren Brustmuskeln, Ihren Händen und Armen, Ihren Schultern und Ihren Gesichtsmuskeln (beißen Sie die Zähne zusammen, und schneiden Sie Grimassen).

– Konzentrieren Sie sich nun auf Ihre Hände. Nehmen Sie alle Empfindungen Ihrer Hände wahr: die Wärme, das leichte Kribbeln in den Handflächen, das Pulsieren Ihres Blutstromes.

– Stellen Sie sich vor Ihrem geistigen Auge ein riesiges Barometer vor, dessen Markierungen von null bis zehn reichen, wobei zehn für totale Anspannung, null für Schlaf steht. Dazwischen liegen die verschiedenen Grade von Entspannung.

– Atmen Sie einmal tief in den Bauch hinein, und stellen Sie sich beim Ausatmen vor, wie das Barometer auf acht fällt. Atmen Sie wieder tief ein, und beobachten Sie, wie das Barometer beim Ausatmen weiter fällt. Wiederholen Sie diesen Vorgang, bis das Barometer auf zwei steht.

– Nun beginnen Sie, die Zahl 999 zu visualisieren. Zählen Sie rückwärts, und visualisieren Sie dabei jede Zahl. Lassen sie die Zahlen immer kleiner und schwächer werden, bis sie die nächste Zahl nicht mehr sehen können.

– Wenn die Zahlen nicht mehr sichtbar sind, richten Sie Ihr geistiges Auge wieder auf Ihr Barometer. Es steht immer noch auf zwei.

– Lenken Sie Ihre Aufmerksamkeit nun wieder auf Ihre Hände, und spüren Sie Ihren Pulsschlag.

– Spannen Sie sanft alle Muskeln Ihres Körpers an, und öffnen Sie die Augen, während Sie die Spannung wieder loslassen.

Machen Sie diese Übung täglich. Je mehr Sie üben, desto besser werden Sie sich entspannen können. Auch wird es Ihnen von Mal zu Mal rascher gelingen. Diese Übung ist ein wertvolles Instrument, das Ihnen auch abends beim Einschlafen helfen kann: Bringen Sie in diesem Fall das Barometer einfach auf »null« herunter, und spannen Sie zum Schluß Ihre Muskeln *nicht* an.

Zu lernen, »nichts« zu tun, ist schon eine Leistung für sich und als solche Teil des persönlichen Wachstums. Doch Sie können diese Kunst auch als Mittel zum Zweck einsetzen, das Ihnen beim Erreichen Ihrer Ziele oder Ihrer beruflichen Ambitionen helfen kann. Je mehr Energie das Verfolgen Ihrer Ziele Sie kostet, desto wichtiger ist es, ein Gegengewicht zum Arbeitsdruck zu schaffen.

Lernen Sie, das zu tun, was Sie wirklich tun möchten

Versuchen Sie herauszufinden, ob das, was Sie tun, tatsächlich das ist, was Sie tun wollen, oder etwas, was Sie glauben, tun zu müssen. Wenn Sie das Gefühl haben, daß Sie etwas tun, was Sie tun *müssen,* so implizieren Sie, daß jemand anders die Wahl für Sie getroffen hat, oder daß Sie etwas tun, weil Sie glauben, daß ein anderer Mensch das von Ihnen erwartet.

Eine andere Möglichkeit, *nicht* zu tun, was man wirklich tun möchte, besteht darin, daß man einem anderen »zum Trotz« handelt. Vor einiger Zeit hatte ich einen Klienten, der unter schweren Panikattacken litt. Die Analyse brachte ans Licht, daß Derek (Name geändert) eine sehr problematische Beziehung zu seiner Mutter und zu Frauen im allgemeinen hatte. Er erlebte seine Mutter als dominant und unterdrückend, und er war wütend darüber, wie sie in seiner Kindheit seinen Vater herumgestoßen hatte. Er hatte sich geschworen, daß ihm so etwas niemals passieren würde, und so hatte er sich angewöhnt, seinerseits Frauen gegenüber dominant zu sein. Auf der einen Seite verachtete Derek seinen Vater für dessen Schwäche, auf der anderen Seite haßte er seine Mutter, weil sie soviel Macht über ihn und den Vater ausübte. Seine einzige Möglichkeit, sich als eigenständige Person zu behaupten, bestand darin, seiner Mutter zu widersprechen, ganz gleich, was sie sagte. Das wurde für ihn so wichtig, daß er ihr selbst dann widersprach, wenn er insgeheim ihre Meinung teilte. Als er achtzehn Jahre alt war, traf er sich regelmäßig mit seiner ersten Freundin, und obwohl die Beziehung nicht schlecht war, kam er zu dem Schluß, daß ihn für eine Heirat nicht genug mit dem Mädchen verband. Eines Tages bemerkte seine Mutter, daß sie es nicht gut fände, wenn Derek dieses Mädchen heiraten würde – also beschloß er, seine Freundin so schnell wie möglich zu heiraten, nur um zu zeigen, daß er manns genug war, zu tun, was *er* wollte. Es erübrigt sich zu erwähnen, daß die Ehe schiefging.

Und so ging es weiter. Obwohl Derek sein Elternhaus schon lange verlassen hatte, agierte er noch immer als der Sohn seiner Mutter. Immer, wenn eine Entscheidung anstand, überlegte er kurz, was seine Mutter tun würde, und tat dann das genaue Gegenteil. Ohne daß es ihm bewußt war, beherrschte seine Mutter noch immer sein ganzes Leben – und gerade das hatte er doch stets zu vermeiden versucht. Sein rebellisches Handeln wurde für Derek jedoch problematisch, weil er bald das Gefühl bekam, sein Leben nicht mehr unter Kontrolle zu haben, denn er handelte sehr oft wider sein eigenes besseres Wissen. Die Tatsache, daß er zwanghaft gegen Dinge ankämpfte, die er in Wirklichkeit tun wollte und umgekehrt, löste einen unerträglichen inneren Konflikt aus, der sich schließlich in massiven Angstzuständen ausdrückte. Als ihm schließlich klar wurde, weshalb er so handelte, wurde es ihm möglich, sein Verhalten allmählich zu ändern und dafür zu sorgen, daß er bekam, was er wirklich wollte – selbst wenn seine Mutter mit seiner Wahl einverstanden war! Seine Angstanfälle verschwanden innerhalb weniger Wochen.

Wenden wir uns wieder dem beruflichen Umfeld zu. Nicht jeder von uns ist in der glücklichen Lage, einen Beruf auszuüben, der seinem Talent und seinem Temperament entspricht. Eine Berufung zu haben, das heißt, eine Tätigkeit, die man mit Leib und Seele ausfüllt, ist das beste Beispiel dafür, daß man etwas tut, was man wirklich tun will. Man fühlt sich sicher bei dem, was man tut, und vertraut darauf, daß man alle Probleme, die eventuell während eines Arbeitstages auftreten, meistern kann. Arbeit und Spiel scheinen eins zu sein. Da wir alle hinausgehen und Geld verdienen müssen, um unsere Miete, die Rechnungen und unsere Steuern bezahlen zu können, können wir es uns nicht leisten, herumzusitzen und zu warten, bis eines Tages eine Berufung an die Tür klopft. Niemand kann uns jedoch daran hindern, unsere Freizeit mit etwas zu füllen, das uns wirklich wichtig ist, ganz gleich, wie trivial es anderen erscheinen mag.

STUFENPLAN

Stufe 1
Sammeln Sie Ideen.

– Machen Sie eine Liste all jener Dinge, die Sie schon immer tun wollten, bisher aber nicht getan haben.
– Erinnern Sie sich einmal an die Träume Ihrer Kindheit; was wollten Sie damals werden?
– Schreiben Sie auf, welche Dinge Ihnen leicht fallen (außer Geld ausgeben).
– Stellen Sie sich vor, man würde Ihnen ein Vermögen schen-

ken, so daß Sie alles kaufen könnten, was Sie wollten, und nie wieder arbeiten müßten. Was würden Sie tun, nachdem Sie alles gekauft hätten und alle Reisen unternommen hätten, von denen Sie schon immer geträumt haben?

Stufe 2
Beurteilen Sie Ihre gegenwärtige berufliche Situation.

– Haben Sie diesen Beruf (selbst) gewählt, weil Sie ihn interessant fanden?
– Haben Sie ihn gewählt, weil man dies von Ihnen erwartete?
– Hat jemand anders diesen Beruf für Sie gewählt (beispielsweise Ihre Eltern)?
– Sind Sie mit Ihrem Beruf glücklich und zufrieden, ganz gleich, ob sie ihn selbst gewählt haben oder nicht?

Es muß nicht unbedingt negativ sein, wenn ein anderer Mensch Sie auf die Idee brachte, Ihren gegenwärtigen Beruf zu ergreifen. Manchmal können andere Menschen uns in die richtige Richtung lenken, weil sie genau einschätzen können, was zu uns paßt. Doch es besteht die Möglichkeit, daß sie sich irren. Deshalb ist es sehr wichtig, daß wir achtsam sind und in uns hineinhören, um zu erkennen, ob wir wirklich in die vorgeschlagene Richtung gehen wollen. Bei diesem zweiten Schritt sollten Sie eines tun: Überdenken Sie kritisch Ihre derzeitige Situation. Selten genug halten wir inne und denken über diese Dinge nach; stattdessen »wursteln« wir immer weiter, manchmal mit einem unbestimmten Gefühl der Unzufriedenheit, anstatt uns hinzusetzen, eine Bestandsaufnahme zu machen und uns anzuschauen, was wir mit unserem Leben anfangen.

In Anbetracht der vielen Stunden, die Sie mit Ihrer Arbeit verbringen müssen, sollten Sie eine halbe Stunde investieren, um herauszufinden, welche Bedeutung diese Arbeit für Sie hat. Wenn Sie dabei feststellen, daß Sie Ihren »Job« überhaupt nicht mögen, dann stehen Ihnen verschiedene Möglichkeiten offen. Sie können sich überlegen, ob Sie eine andere Position anstreben, die Firma wechseln oder einen ganz anderen Beruf ergreifen wollen, oder Sie können sich eine separate »zweite Welt« in Ihrem Privatleben kreieren, indem Sie sich ein erfüllendes Hobby zulegen und so ein Gegengewicht zu Ihrer Arbeitswelt schaffen. Finanzielle Verpflichtungen mögen es Ihnen schwer oder sogar unmöglich machen, Ihre Arbeit zu kündigen und Schafzüchter, Dichter oder Skilehrer zu werden, ebenso wie eine Mutter von kleinen Kindern ihre Beschäftigung nicht einfach über Bord werfen kann, ohne sich selbst und anderen beträchtlichen Schaden zuzufügen. Es ist jedoch der Mühe Wert, zumindest an der Verbesserung der eigenen Situation zu arbeiten, ganz gleich, ob man in der Elternrolle oder in einer beruflichen Rolle steckt. Es gibt *immer* Möglichkeiten, die gegenwärtige Lebenssituation neu zu arrangieren und befriedigender für sich selbst zu gestalten.

Stufe 3
Beurteilen Sie Ihre Situation in bezug auf Ihre Freizeit.

– Womit füllen Sie die Zeit aus, in der Sie nicht Ihrem Beruf nachgehen? Wenn Sie ständig Überstunden machen oder exzessiv arbeiten (siehe vorhergehendes Kapitel), dann haben Sie keine Zeit für »Freizeitaktivitäten«. Das ist keine sehr befriedigende Situation, denn das, was Sie in Ihrer Freizeit tun, ist das, was Sie wirklich tun wollen – nicht, was Sie tun *müssen*. Die Zeit, in der Sie nicht Ihrer Arbeit nachgehen, ist die ideale Zeit, in der Sie ohne Einschränkungen Sie selbst sein, sich selbst ausdrücken können. Wenn ich von »Arbeit« spreche, meine ich sowohl eine Tätigkeit außer Haus, als auch den »Job« einer Hausfrau und/oder Mutter. Ganz gleich, welche Tätigkeit Sie ausüben, Sie sollten sich auf jeden Fall einen besonderen Freiraum schaffen, der Ihnen erlaubt, etwas zu tun, das Sie ganz und gar genießen. Lassen Sie nicht zu, daß Ihre persönlichen Träume und Wünsche im alltäglichen Lebenskampf des Geldverdienens und der Kindererziehung ganz verlorengehen. Die Zeit, die Sie mit Ihrem Hobby zubringen, ist genauso wichtig wie Ihre Arbeitszeit. Wenn Sie in einer Beschäftigung völlig aufgehen, sind Sie im Einklang mit sich selbst, und das bereitet Ihnen nicht nur Vergnügen, sondern fördert auch Ihr persönliches Wachstum. Wenn Sie nur an Ihre Arbeit denken und Ihre Freizeitaktivitäten vernachlässigen, könnte diese Einseitigkeit einmal zu einem großen Problem für Sie werden, beispielsweise, wenn Sie pensioniert werden oder wenn Ihre erwachsenen Kinder das Haus verlassen.

Schauen Sie sich die Hinweise unter Stufe 1 noch einmal an, und sammeln Sie Ideen. Tun Sie es *jetzt,* noch während Sie dieses Kapitel lesen. Machen Sie sich eine Liste, und Sie werden sehen, daß Ihnen viele Ideen kommen, während Sie darüber nachdenken. Schreiben Sie jede Idee auf, auch wenn Sie Ihnen anfangs lächerlich oder unwesentlich erscheint. Werten Sie nicht, geben Sie in Gedanken keine Kommentare dazu ab, schreiben Sie alles einfach so auf, wie es Ihnen in den Sinn kommt. Nehmen Sie sich dann etwas Zeit, um die verschiedenen Punkte zu überdenken. Können Sie sich selbst bei der Ausübung dieses oder jenes Hobbys sehen? Welche Idee spricht Sie emotional am stärksten an?

Stufe 4
Schaffen Sie sich Freiräume.

Das könnte bedeuten, daß Sie Ihre Prioritäten neu setzen müssen, daß Sie weniger Zeit für andere und mehr für sich selbst reservieren müssen. Ich weiß, das klingt egoistisch, aber ist es das wirklich? Ist es nicht besser, glücklich und zufrieden zu sein und etwas weniger zu geben, als unzufrieden und voll innerer Spannung zu sein, während Sie Ihre Zeit anderen widmen? Wenn Sie Ihre gesamte Zeit anderen Menschen opfern, bedeutet das sicher, daß Sie diese Menschen sehr lieben, aber es bedeutet auch, daß Sie sich selbst zu wenig lieben. Wenn Sie zulassen, daß dieses Ungleichgewicht zur Gewohnheit wird, werden Sie früher oder später den Preis dafür zahlen müssen, entweder in Form von Erschöpfung und Krankheit oder ständiger Gereiztheit.

Indem Sie täglich eine bestimmte Zeit für sich selbst reservieren, können Sie vorübergehend aus dem »Hamsterrad« aussteigen und Ihre Batterien wieder aufladen. Sie werden viel ausgeglichener und entspannter zu Ihren Pflichten zurückkehren und viel effizienter arbeiten oder anderen viel besser helfen können.

Stufe 5
Gehen Sie vernünftige Risiken ein.

Manchmal zwingt uns das Leben, ein Risiko einzugehen, das wir normalerweise nie eingegangen wären. Krankheit, Arbeitslosigkeit, der Tod eines Lebensgefährten oder Ehegatten, können uns in Situationen bringen, die wir unter normalen Umständen gemieden hätten. Eine Frau, die nach dem Tod ihres Mannes allein zurückbleibt, ist vielleicht plötzlich gezwungen, wieder arbeiten zu gehen, obwohl sie sich nichts mehr zutraut und befürchtet, sehr darum kämpfen zu müssen, mit jüngeren Kolleginnen Schritt zu halten. Mit anderen Worten, ihre Lebensumstände zwingen sie, sich dem Risiko des Versagens auszusetzen. Wenn sie schließlich den Sprung gewagt und eine Arbeitsstelle gefunden hat, wird sie einige schwere Wochen vor sich haben, bis sie sich an die neue Situation gewöhnt hat. Doch bald wird die Arbeit zu einem Teil ihres Lebens geworden sein, den sie gut bewältigt.

Wenn Sie entlassen werden, müssen Sie vielleicht das Risiko eingehen, ihren bisherigen Wohnort zu verlassen, um dort neu anzufangen, wo Sie einen Arbeitsplatz bekommen können. Nachdem Sie sich in Ihrem neuen »Job« eingewöhnt haben, stellen Sie vielleicht sogar fest, daß die neue Gegend Ihnen viel besser gefällt als Ihr bisheriger Wohnort, aber ohne die Entlassung hätten Sie diesen Schritt nie gewagt. Erneute Berufstätigkeit nach jahrelanger Pause oder der Wechsel der Arbeitsstelle sind einschneidende Veränderungen im Leben, die stets mit dem Gefühl einhergehen, ein großes Risiko einzugehen. Deshalb dauert es normalerweise sehr lange, bis wir uns entschließen können, aktiv zu werden. Doch scheinen wir ebenso selten geneigt, viel kleinere Risiken einzugehen, beispielsweise ein uns unbekanntes Essen auszuprobieren, ein Gespräch mit dem neuen Nachbarn zu beginnen oder jemandem zu sagen, daß wir ihn mögen. Je mehr wir an unseren eingefahrenen Gewohnheiten hängen, desto schwerer fällt es uns, mit plötzlichen Veränderungen fertigzuwerden oder neue Gelegenheiten zu ergreifen.

Warum fällt es Ihnen so schwer, einer neuen Kollegin zu helfen? Befürchten Sie, daß sie zuviel von Ihrer Zeit beanspruchen könnte? Oder daß Sie Ihnen Fragen stellen könnte, die Sie nicht beantworten können? Oder daß sie hinter Ihrem »Job« her ist? Mit anderen Worten: Gehen Sie ein unvernünftig hohes persönliches Risiko ein, wenn Sie mit ihr kooperieren? Sie allein können beurteilen, wie hoch das Risiko ist, das Sie in einer bestimmten Situation eingehen, aber es ist sicher nicht falsch, ab und zu bewußt die eigenen, komfortablen Grenzen zu erweitern und einen Schritt weiter zu gehen, als Sie normalerweise gehen würden. Es muß nicht gleich ein verrücktes Wagnis sein, es genügt schon, wenn Sie etwas tun, das für Sie ein wenig ungewöhnlich ist, zum Beispiel einmal mit der Rezeptionistin zu plaudern, die Sie gewöhnlich einfach übersehen, einmal mit dem Bus aufs Land zu fahren und Ihr Auto zu Hause zu lassen oder zu einer Unterhaltung beizutragen, wenn Sie normalerweise den Mund gehalten hätten. Natürlich könnte es sein, daß Sie sich im Bus weniger komfortabel fühlen, aber dafür bekommen Sie Gelegenheit, die Landschaft einmal aus ganz anderer Perspektive zu betrachten, ohne sich auf den Verkehr konzentrieren zu müssen. Natürlich könnte die Dame am Empfang Ihnen einen verwunderten Blick zuwerfen, wenn Sie plötzlich stehenbleiben und einen kleinen Schwatz mit ihr beginnen wollen, aber vielleicht stellen sie dabei fest, daß sie eine sehr patente Person ist. Sie gehen vielleicht gewisse Risiken ein, aber es ist ebenso wahrscheinlich, daß Sie etwas gewinnen. Es liegt also in Ihrem eigenen Interesse, solche kleinen Wagnisse einzugehen, denn sie machen das Leben reicher und vergnüglicher. Wer nicht wagt, der nicht gewinnt!

Lernen Sie, den erfolgreichen Ausgang vorauszusehen

Ihre Erwartungen sagen eine ganze Menge über Ihre Persönlichkeit aus. Ich bin sicher, daß auch Sie jemanden kennen, der Ihnen, während Sie ihm eine neue Idee unterbreiten, eine ganze Liste von Gründen herunterleiern wird, die eindeutig beweisen, daß Ihre Idee nicht funktionieren kann. Wenn Sie sich daraufhin niedergeschlagen und entmutigt fühlen, wird

Ihr Bekannter Ihnen versichern, daß es ihm leid täte, seine Einwände jedoch lediglich zeigen, daß er realistisch sei. Wie wir in Kapitel 4 gesehen haben, kann eine pessimistische Sichtweise niemals die *ganze* Wahrheit sein. Nur das Allerschlimmste zu erwarten ist ebenso unrealistisch wie der Blick durch die rosarote Brille. Optimismus und Pessimismus sind zwei Wegweiser, die an einer Kreuzung in entgegengesetzte Richtungen zeigen, und es ist Ihre persönliche Wahl, in welche Richtung Sie gehen wollen. Wie glücklich Sie sind, hängt davon ab, für wieviel Glück Sie sich *entschieden* haben.

Optimismus hat nichts mit realitätsferner Träumerei zu tun, ein Optimist leugnet die Existenz von Hindernissen nicht, er rechnet vielmehr damit, daß er diese Hindernisse überwinden kann. Ein Pessimist wird nichts Neues versuchen, solange er es vermeiden kann. Er vereitelt seinen eigenen Fortschritt, indem er in seiner Vorstellung Hindernisse auftürmt, bis er sein Ziel nicht mehr sehen kann. Pessimismus ist selbstzerstörerisch und wirkt wie eine *selbsterfüllende Prophezeiung*, so wie Optimismus selbstfördernd ist und wie eine *selbsterfüllende Prophezeiung* wirkt. Die Beschaffenheit Ihrer Gedanken hat direkten Einfluß darauf, wie Sie sich fühlen und wie Sie handeln.

Ich möchte Ihnen ein Beispiel geben. Wenn ich eine dreißig Zentimeter breite und drei Meter lange Holzplanke auf den Boden legen und Sie bitten würde, darüber zu gehen, so könnten Sie das mit Leichtigkeit tun. Doch was würde geschehen, wenn ich die Planke zwei Meter hoch installieren würde? Sie würden anfangen, über die Distanz zum Boden, die Möglichkeit eines Sturzes und einer Verletzung nachzudenken, und Sie würden ein wenig zu zittern anfangen. Wenn Sie nun über die gleiche Planke gehen, fühlen Sie sich nicht mehr so sicher, obwohl die Planke doch genauso breit ist wie zuvor. Da Sie über eine mögliche Gefahr nachdenken, sendet Ihr Gehirn Warnsignale an Ihren Körper, Sie spannen sich an – und ein Sturz wird wahrscheinlicher. Wenn ich die Holzplanke in zwei Metern Höhe installierte, sie mit Hilfe eines optischen Tricks aber so aussehen ließe, als befände sie sich auf dem Boden, würden Sie sich wieder entspannen und vertrauensvoll hinübergehen.

Ein guter Ausgang wird wahrscheinlicher, wenn man einen guten Ausgang erwartet, während die ständige Erwartung von

Problemen und Komplikationen Zweifel und Nervosität hervor-
ruft, die einen erfolgreichen Ausgang gefährden. Positive oder
negative Erwartungen können tatsächlich ausschlaggebend
sein, wenn es um das Erreichen eines bestimmten Zieles geht.
Sie beeinflussen Ihr Durchhaltevermögen, Ihre Widerstandskraft und Ihren Erfolg.

Erwartungen manifestieren sich schneller als wir glauben in
der Realität: Unsere Einstellungen gestalten unsere Zukunft.

STUFENPLAN

Stufe 1
Nehmen Sie sich Zeit, an Ihr Ziel zu denken.

Erinnern Sie sich an das Gefühl des Verliebtseins – wenn Sie
nicht aufhören können, an jemanden zu denken, und jede freie
Minute mit Tagträumen über diese bestimmte Person angefüllt
ist? Sie könnten fremden Menschen auf der Straße um den Hals
fallen, weil Sie im siebten Himmel schweben. Allein der Gedanke an diesen Menschen macht sie glücklich und freudig
erregt. Kreieren Sie die gleiche Einstellung in bezug auf Ihr
Ziel. Nehmen Sie sich Zeit, an Ihr Ziel zu denken, lassen Sie es
zu einem Brennpunkt Ihres Lebens werden. Es ist aufregend
und erfüllend, auf ein neues Ziel hinzuarbeiten. Lassen Sie sich
von der Schwingung des positiven Denkens tragen und von der
Freude, die Sie beim Gedanken an Ihr Ziel empfinden.

Stufe 2
Visualisieren Sie den erfolgreichen Ausgang.

Wie wir in dem Beispiel mit der Holzplanke gesehen haben,
gefährdet das Schwelgen in pessimistischen Gedanken den Erfolg Ihres Unternehmens, weil es dazu führt, daß Sie anfangen,
an Ihren Fähigkeiten zu zweifeln. Es erschüttert Ihr Vertrauen.
Visualisieren heißt, etwas mit dem geistigen Auge zu sehen und
für einen Moment zu vergessen, wo man ist. Projizieren Sie
Ihre Gedanken nur für ein paar Minuten in die Zukunft, und
sehen Sie sich selbst, wie Sie Ihr Ziel bereits erreicht haben.
Falls es Ihr Ziel ist, schwimmen zu lernen, dann sehen Sie sich

selbst, wie Sie ein paar Runden in einem Schwimmbad drehen oder im Meer schwimmen; falls eine Beförderung Ihr Ziel ist, dann sehen Sie sich selbst in einer besseren Position, in Ihrem eigenen Büro, sehen Sie sich, wie Sie effizient und kompetent arbeiten und die Dinge unter Kontrolle haben. Falls es Ihr Ziel ist, mehr Selbstvertrauen im Umgang mit dem anderen Geschlecht zu entwickeln, dann sehen Sie sich, wie Sie mit einem Menschen, den Sie mögen, frei und entspannt sprechen.

Wenn Sie auf dem Weg zu Ihrem Ziel auf Hindernisse stoßen, müssen Sie sich mit ihnen auseinandersetzen, indem Sie eine Lösung finden und sie überwinden. Während Sie das tun, kann es sehr hilfreich sein, den erfolgreichen Ausgang zu visualisieren, so, als hätten Sie das Hindernis bereits überwunden. Wenn Sie sich an einem Problem »festgebissen« haben, sind Sie vielleicht nahe daran aufzugeben, weil es keinen Ausweg zu geben scheint. Visualisieren hilft Ihnen dann, die schwierigen Strecken durchzustehen, und ist vielleicht ausschlaggebend zu einem Zeitpunkt, an dem Sie Ihr Projekt aufgeben wollten. Denken Sie daran: Nur weil Sie keine Lösung sehen, heißt das noch lange nicht, daß es keine Lösung gibt.

Wenn Sie ein neues Projekt in Angriff nehmen, bereichern Sie Ihr Leben, und wenn Sie Ihr Ziel ansteuern, sollten Sie hundertprozentig dahinterstehen. Kapitulieren Sie nicht, wenn Probleme auftauchen. Denken Sie immer an Ihr Ziel. Je klarer Sie es im Geiste sehen, desto positiver werden Sie denken und desto wahrscheinlicher ist es, daß Sie Erfolg haben werden.

Visualisierungsübung

Um beim Visualisieren die beste Wirkung zu erzielen, sollten Sie sich mit geschlossenen Augen bequem hinsetzen. Beobachten Sie einen Moment Ihren Atem, damit Sie sich besser auf sich selbst konzentrieren können. Beginnen Sie nun, sich selbst in einer bestimmten Situation vorzustellen, oder stellen Sie sich vor, daß Sie einen Film über sich selbst in dieser Situation betrachten: Fühlen Sie es, sehen Sie es, versuchen Sie, wirklich dort zu sein.

Hier ein paar Beispiele. Nehmen wir an, es sei Ihr Ziel, einen kleinen Reparaturservice zu gründen, den Sie von zu Hause aus betreiben können. Sehen Sie nun vor Ihrem geistigen Auge, wie Sie eine Zeitung mit Ihrer Annonce in der Hand halten... Sehen Sie sich, wie Sie den Telefonhörer abnehmen und auf Anfragen antworten... Wie Sie Termine mit zukünftigen Kunden vereinbaren... Wie Sie mit Ihrem Werkzeugkasten das Haus verlassen... Wie Sie die Reparatur ausführen... Wie Sie den Lohn kassieren... Wie Sie sich darüber freuen.

Oder beim Schwimmenlernen: Sehen Sie sich an einer Stelle ins Wasser eintauchen, an der Sie noch Boden unter den Füßen haben... Spüren Sie das Wasser, das bis zu Ihrer Taille reicht... Spüren Sie, wie Sie sanft nach vorn in die Schwimmposition gleiten... Wie Sie im Wasser treiben... Wie Sie ruhig beginnen, Ihre Arme und Beine zu bewegen... Wie Sie Ihre Bewegungen synchronisieren... Wie Sie angenehm schweben ...leicht atmen...ruhig und entspannt und konzentriert... Wie Sie Bewegung auf Bewegung ausführen, bis Sie am gegenüberliegenden Beckenrand ankommen... Wie Sie sich gut fühlen.

Oder beim Renovieren Ihres Wohnzimmers: Sehen Sie sich selbst alle benötigten Utensilien zusammentragen, die Leiter, die Tapetenrollen, die Farbbürste etc.... Sehen Sie das Wohnzimmer vorbereitet, alles ist bereit, so daß Sie mit der Arbeit beginnen können ...Teppiche und Möbel sind abgedeckt... Sehen Sie sich, wie Sie mühelos die alte Tapete entfernen... Wie Sie die neue anbringen... Wie Sie den letzten Streifen ankleben... Wie Sie alle Abdeckplanen entfernen... Sehen Sie, wie das renovierte Zimmer aussieht ...und freuen Sie sich darüber.

Visualisieren ist nicht nur sehr hilfreich, wenn unser Projekt in einer schwierigen Phase steckt, es kann uns auch helfen, wenn wir uns nicht überwinden können, mit einer Arbeit zu beginnen. Visualisieren Sie regelmäßig, möglichst mehrmals am Tage, und Sie werden sehen, daß Sie sich am Ende gar nicht mehr davon abhalten können, die neue Aufgabe in Angriff zu nehmen!

Hören Sie auf, sich selbst schlecht darzustellen

Dieses Thema geht beide Geschlechter an. Sowohl Männer als auch Frauen stellen ihr Licht unter den Scheffel, mit dem einzigen Unterschied, daß Frauen häufiger Selbstkritik üben, während Männer eher dazu neigen, eine Maske der Stärke aufzusetzen und ihre Unsicherheit hinter starken Sprüchen oder rücksichtslosem Verhalten zu verbergen. In meiner Praxis begegnen mir ebensoviele Männer wie Frauen, die sich selbst schlecht machen, sich für ihre Schwächen hassen, für ihre Unfähigkeit zu kommunizieren und für ihre negativen Gefühle gegenüber sich selbst und anderen. Wenn ich diese Klienten bei ihrer Analyse begleite, stoße ich immer und immer wieder auf das gleiche Muster: Eine Kindheit, in der die Eltern das Kind entweder emotional mißhandelten oder sich überhaupt nicht um das Kind kümmerten. Das kommt in allen sozialen Schichten vor, vom Arbeiterhaushalt bis zur Aristokratie. Es macht nicht den geringsten Unterschied, ob Geld vorhanden war oder nicht. Wenn ein Kind nicht geliebt wird, kann es sich später selbst nicht lieben. Wenn es keine Sicherheit und emotionale Stabilität erfährt, kann es nicht zu einem emotional stabilen Erwachsenen heranwachsen. Ganz gleich, wieviel Spielzeug man einem solchen Kind schenkt – es wird unfähig sein, sich selbst zu mögen, denn in der Vorstellung eines Kindes kann ein Mangel an Aufmerksamkeit und Liebe nur eines bedeuten: daß es die Liebe seiner Eltern nicht wert ist, weil irgend etwas mit *ihm* nicht in Ordnung ist. Auf diese Weise entsteht ein Minderwertigkeitskomplex.

Es ist eines unserer menschlichen Grundbedürfnisse, von anderen als wertvoller Mensch anerkannt zu werden. Wir wollen als interessant und als etwas Besonderes betrachtet werden, wir wollen, daß andere uns für klug und kompetent halten und uns folglich mögen. Es ist sehr wichtig für uns, uns von anderen akzeptiert zu fühlen, schließlich teilen wir unsere Welt mit vielen anderen Menschen, mit Familienmitgliedern, Freunden, Nachbarn oder Arbeitskollegen. Unser persönliches Wachstum wird nicht zuletzt dadurch bestimmt, wie erfolgreich wir an unserem sozialen Umfeld partizipieren können. Auf der anderen Seite lernen wir das ungeschriebene Gesetz der Bescheidenheit mit all seinen Folgen kennen. Man bringt uns bei, daß es ungehörig ist, über die eigenen Leistungen zu sprechen, denn das wäre Prahlerei; wir sollen uns nicht zu sehr mit unserem Aussehen beschäftigen, denn dann wären wir eitel. Statt dessen hält man uns an, bescheiden zu sein und darauf zu achten, daß wir mit unseren Errungenschaften keine Aufmerksamkeit auf uns ziehen. Aus diesem Grund gibt es viele Frauen, die, nachdem sie sich stundenlang für eine Festlichkeit frisiert, angekleidet und geschminkt haben, auf ein Kopliment bezüglich ihrer Erscheinung erwidern: »Ach, das alte Kleid, das habe ich schon seit Jahren!« Etwas Ähnliches kann im Berufsleben passieren. Sie schuften wie ein Pferd für ein bestimmtes Projekt und fassen dann die Ergebnisse in vielen Überstunden in einem Bericht zusammen. Sie übergeben den Forschungsbericht Ihrem Chef, der ihn unter seinem Namen veröffentlicht. Sie sollten damit keine Schwierigkeiten haben, denn gemäß dem Gesetz der Selbstverleugnung wird von Ihnen erwartet, daß es Ihnen genügt, an diesem Projekt mitgearbeitet zu haben. Sie wissen das, und Sie sollen sich mit diesem Wissen zufrieden geben – es ist wirklich nicht nötig, daß Ihr Beitrag öffentlich anerkannt wird, das würde nur unnötig Aufmerksamkeit auf Sie lenken... Leider funktioniert das nur in der Theorie. Sie sind nach wie vor ein menschliches Wesen, das Anerkennung braucht, und so beginnen Ihre Gefühle an diesem Punkt zu rebellieren. Wieso soll Ihr Chef die ganzen Lorbeeren ernten, wenn Sie praktisch die ganze Arbeit gemacht haben? Weshalb gibt man Ihnen nicht ein höheres Gehalt, wenn Ihre Arbeit so gut ist, daß sie als die Ihres Chefs gelten kann? Aber nein, Sie unterdrücken ganz schnell solche Gedanken, denn ein netter Mensch denkt so etwas nicht. Und Sie möchten doch nicht als Aufschneider gelten, indem Sie sich so ins Rampenlicht drängen! Es ist besser, man verdrängt seine Gefühle und beginnt mit dem nächsten Projekt... Das einzige Problem besteht darin, daß Ihr Gefühl, ungerecht behandelt worden zu sein, sich nicht einfach in Luft auflösen wird, ganz gleich, wie sehr Sie auf der bewußten Ebene dagegen ankämpfen. Die Idee der Selbstverleugnung ist gut und schön, solange Ihnen eine Sache nicht wirklich etwas bedeutet. Wenn Sie jedoch eine Menge Energie in etwas investiert haben, ist es nur natürlich, daß Sie sich wünschen, daß Ihre Mühe Anerkennung findet, und das ist ganz und gar nicht »unbescheiden«. Wohlverdiente Anerkennung nicht anzunehmen ist eine Art, sich selbst herabzusetzen. Vielleicht sind Sie der Meinung, daß der Fehler bei Ihrem Chef liegt, denn er sollte Ihren Beitrag schließlich von sich aus anerkennen. Das ist natürlich richtig, aber Ihr eigener Fehler besteht darin, daß Sie Ihrem Chef diese Nichtachtung Ihrer Person durchgehen lassen. Es mag Ihnen vielleicht nicht gelingen, ihn oder sie dazu zu bewegen, Ihren Beitrag öffentlich zu loben, aber Sie sollten Ihren Vorgesetzten um Ihrer Selbstachtung willen wenigstens bei der nächsten sich bietenden Gelegenheit darauf ansprechen (»Waren Sie mit dem Bericht, den ich für Sie geschrieben habe, zufrieden? Ging alles gut bei der Veröffentlichung?«). Das wird Ihrem Chef ins Gedächtnis rufen, daß *Sie* dieses famose Werk geschaffen haben.

Wenn sie einmal innehalten und einen Moment darüber nachdenken, wer von Ihrer Bescheidenheit profitiert, dann werden Sie feststellen, daß es niemals Sie selbst sind (es sei denn, es bereitet Ihnen Vergnügen, der *underdog* zu sein). Ihre Bescheidenheit sorgt dafür, daß Ihr Gehalt niedrig bleibt, behindert Ihren beruflichen Fortschritt und stört Ihr emotionales Gleichgewicht. Auf der anderen Seite verhilft Ihre Bescheidenheit Ihrem Chef zu einem Prestigegewinn, für den er noch nicht einmal arbeiten muß.

Falls Sie ein Talent besitzen, so sind Sie es sich selbst schuldig, das Beste daraus zu machen und nicht nur Ihre Kraft hineinzugeben, sondern auch die Lorbeeren zu ernten. Es ist fast unmöglich, motiviert zu bleiben, wenn man nicht ein entsprechendes *feedback* erhält. Ihre Bescheidenheit bringt nur denjenigen Vorteile, die Ihnen raten, bescheiden zu sein. Je mehr Sie Ihr eigenes Licht unter den Scheffel stellen, desto heller wird deren Licht scheinen. Ich möchte es deshalb noch einmal wiederholen: Unangebrachte Bescheidenheit ist eine Methode, sich selbst herabzusetzen. Aus irgendeinem Grund fühlen Sie sich gehemmt, wenn es darum geht, Ihre eigene Leistung anzuerkennen, und deshalb sorgen Sie auch nicht dafür, daß Sie Ihren wohlverdienten Lohn erhalten.

Eine andere Methode, sich herabzusetzen, besteht darin, geringschätzig über sich und die eigenen Fähigkeiten zu sprechen, sich selbst ständig zu kritisieren und automatisch Verantwortung für alles zu übernehmen, was in der Umgebung schiefgeht. Menschen, die sich in einem fort entschuldigen, gehören zu dieser Kategorie. Es ist, als fühlten sie sich schuldig für ihre Unzulänglichkeit und zögen es vor, selbst darauf hinzuweisen, bevor es ein anderer tut. Lieber erniedrigen sie sich selbst, als von jemand anders gedemütigt zu werden. Das Resultat eines solchen Verhaltens ist jedoch, daß die Freunde dieses Selbstanklägers sich genötigt fühlen, ihm zu widersprechen, und alle anderen ihn ausnutzen. Obwohl er den Versicherungen seiner Freunde keinen Glauben schenkt (denn er vertraut niemandem, am allerwenigsten sich selbst), ist es für ihn doch ein gutes Gefühl, diese moralische Unterstützung zu bekommen. Doch mehr als eine Krücke kann sie niemals sein, denn sie kann den Mangel an Vertrauen und Selbstachtung nicht wettmachen. Selbst wenn Sie einen Menschen, der sich selbst gegenüber negativ eingestellt ist, ermutigen, können Sie sein emotionales Gleichgewicht nur für einen Moment wiederherstellen; das zugrundeliegende Problem wird dadurch nicht gelöst. Was können Sie also tun? Selbstanklage ist niemals eine sichere Methode, Kritik aus dem Wege zu gehen. Wenn irgend etwas schiefläuft, wird gewöhnlich der Schwächste einer Gruppe oder eines Teams beschuldigt, und falls Sie ein Mensch sind, der sich häufig entschuldigt, dann sind Sie prädestiniert, den Schwarzen Peter zugeschoben zu bekommen, ganz gleich *ob Sie wirklich einen Fehler gemacht haben oder nicht*. Wenn Sie sich wie ein *underdog* verhalten, wird man Sie auch so behandeln.

STUFENPLAN

Stufe 1
Beurteilen Sie Ihr Selbstbild.

Stellen Sie sich vor, Sie könnten sich von außen betrachten, so, als wären Sie Ihr bester Freund oder Ihre beste Freundin, und stellen Sie sich weiter vor, man würde diesen Freund bitten, Sie zu beschreiben. Wie würde dieser Freund oder diese Freundin

Sie beurteilen? Fertigen Sie einen kleinen Bericht an. Wenn Sie es Schwarz auf Weiß haben, wird Ihre Vorstellung klarer sein. Die Beschreibung wird natürlich wohlwollend ausfallen, denn sie wurde von jemandem abgegeben, der Sie mag. Versuchen Sie, sich selbst mit den Augen eines anderen zu sehen, und entscheiden Sie dann, was Sie selbst über sich und das, was Sie erreicht haben, sagen würden. Sollte Ihnen diese Übung zu abstrakt erscheinen, so bitten Sie einen Freund oder eine Freundin, Sie einem Dritten zu beschreiben.

Diese Beurteilung sollte von einer Ihnen wohlgesonnenen Person abgegeben werden, weil Sie ja einige Übung darin haben, sich selbst klein zu machen, aber kaum gewohnt sind, Ihre positiven Seiten zu betrachten. Niemand auf dieser Welt hat jedoch nur negative Seiten, nicht einmal Sie, und deshalb verhalten Sie sich unrealistisch, wenn Sie diese negative Einstellung nicht in Frage stellen.

Stufe 2
Leben Sie Ihre positiven Charakterzüge.

Nachdem mindestens drei positive Charakterzüge genannt wurden, sollten Sie anfangen, sich so zu verhalten, als glaubten Sie wirklich, daß Sie diese Eigenschaften besitzen. Wenn Ihre Freunde Sie als großzügig beschrieben haben, sollten Sie einmal Ihr Verhalten auf Anzeichen überprüfen, die darauf hinweisen, daß Ihre Freunde recht haben. Wenn Sie sich selbst als »Problemlöser« beschrieben haben, sollten Sie sich einmal daran zurückerinnern, wie es war, als Sie erfolgreich Probleme lösten – entweder Ihre eigenen oder die von anderen Menschen. Welche Ihrer Verhaltensweisen bestätigen diese positive Einschätzung? Machen Sie es sich für ein paar Wochen zur Aufgabe, jede Gelegenheit zu ergreifen, eine schwierige Situation zu meistern. Beweisen Sie, daß Sie das können, was andere Ihnen zutrauen. Nach Ihren ersten Erfolgen wird ein positives Selbstbild allmählich zur Realität. Indem Sie optimistisch sind, setzen Sie einen positiven Kreislauf (statt einen Teufelskreis) in Gang: Sie verhalten sich, als sei das Positive Realität, und so wird es am Ende zur Realität.

Stufe 3
Lernen Sie, Lob anzunehmen.

Wenn man Komplimente oder Lob nicht annehmen kann, so ist das ein Zeichen falscher Bescheidenheit. Sie geben vor, den Applaus nicht zu verdienen, und haben sich in Wirklichkeit halb zu Tode geschuftet, um ihn zu bekommen. Warum fällt es manchen Menschen so schwer, ein Lob auf anmutige Weise entgegenzunehmen? Unsere Benimmregeln scheinen das Geben weit mehr zu betonen als das Nehmen. Man bringt uns bei, wie man ein Geschenk überreicht, wie man jemandem die Tür aufhält, wie man einem älteren Menschen einen Platz in der U-Bahn anbietet, aber man bringt uns nicht bei, wie man all das mit Vergnügen annimmt. Manche Menschen sind tatsächlich unangenehm berührt, wenn man ihre Leistungen bewundert, einige reagieren sogar ausgesprochen verärgert, wenn man ihnen etwas Positives über sie sagt, wo man doch erwartet hätte, daß sie erfreut sein würden. Anerkennung wird manchmal mit Schmeichelei verwechselt. Wenn Sie ein niedriges Selbstwertgefühl haben, werden Sie dazu neigen, anderen Unehrlichkeit zu unterstellen. Da Sie sich selbst nicht in einem positiven Licht sehen können, können Sie nicht glauben, daß jemand aufrichtig freundlich zu Ihnen ist, folglich müssen Sie zwangsläufig annehmen, daß man Ihnen nur Honig um den Bart schmieren will. Natürlich gibt es auch Menschen, die Ihnen nur schmeicheln wollen, um Sie zu manipulieren, aber es ist ebenso eine Tatsache, daß andere sich wirklich für Sie freuen und Ihnen Gutes wünschen. Ihre Gesamteinschätzung einer Person wird darüber entscheiden, ob Sie ihr Lob oder Kompliment ernst nehmen können oder nicht. Wenn Sie *jede* Anerkennung als Schmeichelei abtun, dann ist das ein Zeichen dafür, daß Sie ein zu negatives Bild von sich und anderen haben. Schauen Sie sich die *erste Stufe* noch einmal an. Es ist besser, zuviel als zu wenige Komplimente anzunehmen. Komplimente sind wie Geschenke, und sie sollten wie solche empfangen werden: freudig! Schließlich werden Sie ja auch nicht rot vor Scham, wenn Sie ein Weihnachtsgeschenk öffnen; warum also, wenn jemand Ihnen ein verbales Geschenk macht? Lächeln Sie, zeigen Sie, daß Sie sich darüber freuen! Geben Sie nicht vor, es nicht zu mögen, und beleidigen Sie den anderen nicht, indem Sie ihm Unehrlichkeit unterstellen. Nichts ist so entmutigend wie das düstere oder verärgerte Gesicht einer Person, der man gerade etwas Nettes gesagt hat! Je anmutiger Sie ein Kompliment annehmen können, desto wahrscheinlicher ist es, daß die betreffende Person Ihre Leistungen auch in Zukunft anerkennt. Wir alle brauchen ab und zu ein Lob oder etwas Bewunderung. Es ist gut für Körper und Seele!

Stufe 4
Übertreiben Sie nicht mit Entschuldigungen.

Sie schmeicheln sich selbst, wenn Sie glauben, daß alles *Ihr* Fehler ist. Sie vergessen, daß es auch noch andere Menschen gibt, die einen ebenso großen Einfluß auf den Gang der Dinge haben wie Sie selbst. Das heißt nicht, daß Sie niemals Fehler machen, es heißt einfach, daß Sie eine Situation gründlich überprüfen sollten, bevor Sie sich entschuldigen.

Wenn irgend etwas schiefläuft, sollten Sie offen darüber sprechen. Wenn ein Freund anfängt, Sie unfreundlich zu behandeln, sollten Sie eine Erklärung verlangen. Entschuldigen Sie sich nicht für Fehler, die Sie glauben, möglicherweise begangen zu haben, wenn Sie gar nicht wissen, was los ist. Nachdem Sie geklärt haben, was dazu führte, daß Sie jetzt so negative Schwingungen erhalten, ist immer noch genügend Zeit für eine Entschuldigung. Eine Entschuldigung ist nur sinnvoll, wenn man sich auch gleichzeitig Gedanken darüber macht, wie man vermeiden kann, den Fehler noch einmal zu machen. Andernfalls ist es so, als würde man in einem Laden Süßigkeiten stehlen, zur Beichte gehen und Absolution erhalten, um sich dann im nächsten Laden wieder zu bedienen. Kein Problem, morgen können Sie ja wieder zur Beichte gehen... Wenn Sie sich für etwas entschuldigen, sollten Sie das ernst nehmen und dafür sorgen, daß etwas Ähnliches nicht noch einmal vorkommt. Eine Entschuldigung ist ein Schritt in einem Lernprozeß, der es Menschen gestattet, würdevoll mit Konflikten umzugehen. Entschuldigungen um ihrer selbst willen sind wertlos. Es sollte immer eine Klärung der Situation vorausgegangen sein und eine aktive Lösung folgen. Eine Ent-

schuldigung ist nur so gut, wie die Schritte, die Sie unternehmen, um zu vermeiden, daß der gleiche Fehler noch einmal
passiert.

Stufe 5
Seien Sie gut zu sich selbst.

Einen anderen Menschen herabzusetzen heißt, ihn zu demüti-
gen. Wenn Sie einen großen, herrischen Menschen beobachten, der einen anderen barsch kritisiert, werden Sie diesen
dominanten Menschen sicher nicht sehr mögen – und doch
verhalten Sie sich Ihrer eigenen Person gegenüber oft wie ein
Bullenbeißer. Sie finden nur Mängel an sich selbst, nichts, was
Sie tun, zählt, und Sie lassen es nicht zu, daß irgend etwas, das
Sie vollbracht haben, Ihr Lebensgefühl steigert. Statt dessen
schmälern Sie Ihren Erfolg (»es war nur ein glücklicher Zu-
fall«), oder Sie bestehen darauf, daß es nur geschehen konnte,
weil der Zeitpunkt günstig war oder jemand Ihnen geholfen hat.
Vielleicht bedauern Sie diesen Erfolg sogar, denn nun wird der
Kontrast noch offensichtlicher sein, und Sie werden sich noch
elender fühlen, wenn Sie das nächste Mal versagen. Wenn das
nächste Mal etwas schiefgeht, werden Sie sich noch inkompe-
tenter fühlen, weil Sie diesen Erfolg nicht wiederholen können.
Erfolg ist nicht unbedingt mit Selbstachtung und Selbstliebe
verbunden. Viele Menschen in hohen Positionen, die in ihrem
Beruf eine Menge erreicht haben, sind übermäßig selbstkri-
tisch und sehr unsicher. Das scheint unglaublich angesichts
des Status und der Stellung, die sie im Leben erreicht haben,
aber es zeigt nur, daß Erfolg relativ ist und davon abhängt, wie
man das Leben betrachtet. Solange Sie sich selbst nicht akzeptieren und mögen, sind all Ihre Erfolge, Ihr gutes Aussehen und
hohes Einkommen bedeutungslos. Sie zählen so lange nicht,
bis Sie sich erlauben können zu fühlen, daß Sie sie verdienen.
Denken Sie an die tragischen Schicksale vieler Filmstars. Wie
konnten sie sich das Leben nehmen? Sie waren so schön und so
erfolgreich und dennoch drogen- oder alkoholabhängig. Für
einen Menschen, der sich nicht mag, besteht die einfachste
Lösung seines Problems darin, sich selbst vergessen zu lassen,
daß er existiert. Alle Süchte, ganz gleich, ob es sich um Essen,

Drogen, Alkohol oder Tabletten handelt, tragen dieses emotionale Element des Selbsthasses in sich. Sie betrachten sich selbst als Abschaum, und deshalb behandeln sie sich auch so. Ich brauche sicher nicht zu betonen, daß dies eine selbstzerstörerische Haltung ist. Solange Sie sich selbst nicht mögen, können Sie auch keinen anderen Menschen lieben. Solange sie in sich selbst nicht zuhause sind, werden Sie nirgendwo zuhause sein, ganz gleich, wohin Sie gehen. Wenn Sie sich hassen, bedeutet das, daß Sie solange täglich ein Messer in Ihr Selbst rammen, bis jemand, den Sie als höherstehend akzeptieren, es Ihnen ermöglicht, damit aufzuhören, indem er Sie lobt. Obwohl Sie anderen nicht trauen, sind Sie völlig von der guten Meinung anderer abhängig, weil diese Ihnen die einzige Möglichkeit gibt, Ihren Selbsthaß vorübergehend zu vergessen. Sie ärgern sich darüber, daß andere Menschen den Schlüssel zu Ihrer Selbstachtung in der Hand halten, doch gleichzeitig ist deren Anerkennung lebenswichtig für Ihr emotionales Überleben. Selbsthaß kann verschiedene Ursachen haben, aber im allgemeinen kann man sagen, daß diese innere Einstellung sich selbst gegenüber die Haltung eines anderen – meistens eines Elternteils – widerspiegelt, der Ihnen gegenüber negativ eingestellt war. Während Sie in Ihren frühen Jahren Ihr Selbstbild entwickeln, hängt sehr viel davon ab, wie andere auf Sie reagieren. Wenn Menschen, die Ihnen nahestanden, Sie ständig zurückgewiesen oder ignoriert haben, dann interpretierten Sie das als Bestätigung dafür, daß Sie nicht liebenswert sind.

Es ist jedoch nicht notwendig, diese Einstellung ein ganzes Leben lang beizubehalten, und Sie sollten sich wirklich nicht damit abfinden. Sie können sich nicht weiterentwickeln, wenn Sie ständig vom emotionalen Leid der Vergangenheit niedergedrückt werden. Es gibt verschiedene Möglichkeiten zu lernen, wie man sich selbst besser behandelt. Sicher ist es hilfreich, herauszufinden, wodurch der Mangel an Selbstachtung hervorgerufen wurde. Vielleicht lag es an der Art und Weise, in der Sie erzogen wurden, an häufigen Hänseleien in der Schule oder auch an einem bestimmten Ereignis, bei dem Sie Ihrer Meinung nach versagt haben (siehe auch Kapitel 15). Manchmal wiegt ein einziger Fehler so schwer, daß er das ganze Leben zu verändern scheint. Wir können uns eine Schwäche oder ein

Versagen nicht verzeihen und schleppen einen Mühlstein von Schuld mit uns herum, obgleich der ursprüngliche Grund schon sehr lange zurückliegt. Oft genügt es schon, sich der Ursache bewußt zu werden, um die negative Selbsteinschätzung zu überwinden. Falls es Ihnen jedoch unmöglich zu sein scheint, sich von einem vergangenen Trauma zu befreien, sollten Sie in Betracht ziehen, professionelle Hilfe in Anspruch zu nehmen. Zu sich selbst gut zu sein heißt, daß man der eigenen Person gegenüber nicht überkritisch ist, daß man sich nicht unerbittlich antreibt, daß man seinen Körper gut behandelt und ihn nicht mit zuviel Nahrung oder Alkohol belastet, daß man, allgemein gesprochen, sich selbst mit Achtung begegnet, gerade so wie man einen anderen Menschen behandelt, der einem lieb und wert ist. Was auch immer Sie mit Ihrem Leben anfangen: Es ist wichtig, daß Sie Ihre Pläne und Handlungen mit Ihren wirklichen Bedürfnissen in Einklang bringen. Wenn Sie Ihre eigenen Wünsche ständig ignorieren, gefährden Sie Ihr inneres Gleichgewicht und behandeln sich selbst wie einen Menschen zweiter Klasse. Das hindert Sie daran, sich weiterzuentwickeln. In Einklang mit sich selbst zu sein ist eine Voraussetzung für persönliches Wachstum, denn nur dann hat man ein festes Fundament, von dem aus man handeln kann.

Lernen Sie, nicht mehr zu verallgemeinern

Wenn Sie Schwierigkeiten haben, Ihren Alltag zu bewältigen, fangen Sie an zu verallgemeinern. Wenn der Druck von außen unerträglich wird, beginnen Sie, nach Schuldigen in Ihrer Umwelt zu suchen. Sie schieben die Schuld auf einen anderen oder eine Institution: Die Regierung, der Zustand unserer Demokratie oder »das System« hindern Sie an Ihrem Selbstausdruck oder daran, entspannt zu sein/eine bessere Arbeit zu finden. Das ist eine bequeme Art, das Leben zu betrachten – wenn auch ziemlich unproduktiv. Solange Sie den Schwarzen Peter jemand anderem zuschieben können, brauchen Sie nichts zu tun. Sie ziehen sich in Ihren Elfenbeinturm zurück, betrachten die Welt aus Ihrer unweltlichen Position heraus und philosophieren über theoretische Vorgänge.

Es stimmt natürlich, daß viele Institutionen und ihre Büro-kratien nicht immer förderlich für unser Weiterkommen sind und daß wir in einer männerdominierten Welt leben. So gese-hen mag es durchaus Grund zur Klage geben. Wie ich bereits in Kapital 1 erwähnte, werden unseren Aktivitäten durch die Ge-sellschaft, in der wir leben, Grenzen gesetzt, aber wir haben noch immer genügend Raum, in dem wir uns einigermaßen frei bewegen können.

STUFENPLAN

Stufe 1
Führen Sie Ihre Verallgemeinerungen auf das aktuelle Problem zurück.

Ich möchte Ihnen ein Beispiel geben: Ich hatte einen Klienten, der darauf beharrte, daß die Gesellschaft den Menschen krank mache. Dieser Gedanke deprimierte ihn zutiefst. Er ließ sich lang und breit darüber aus, in was für einer kalten, unmenschli-chen Umwelt wir leben und wie in dieser Gesellschaft einer gegen den anderen kämpft. Sich selbst betrachtete er jedoch als einen einfühlsamen und mitfühlenden Menschen – einen der wenigen.

Als ich begann, die Hintergründe seiner gegenwärtigen De-pression zu erforschen, stellte sich heraus, daß er eine schwere Auseinandersetzung mit seiner Freundin, einer emotional sehr instabilen jungen Frau gehabt hatte. Während dieses Streits hatte sie ihn auf übelste Weise beschimpft und angegriffen. Obwohl er über die ungerechten Vorwürfe und Schimpfwörter sehr wütend gewesen war, hatte er es nicht gewagt, sie ebenfalls anzuschreien. Anstatt für sich selbst einzustehen, hatte er sich in die Ausrede geflüchtet, daß sie ja krank sei, und hatte sich liebevoll und mitfühlend verhalten – ganz im Gegensatz zum Rest der Welt, der das Mädchen ja zu diesem emotionalen Wrack gemacht hatte.

Seine große Angst vor Auseinandersetzungen und sein Man-gel an Selbstachtung hielten ihn davon ab, seine Wut und Empörung herauszuschreien, doch wie der Dampf in einem Kessel mit kochendem Wasser mußten seine Gefühle sich einen

Weg bahnen. Da er sie nicht nach außen bringen konnte, richteten sie sich schließlich nach innen und verursachten seine Depression. Er hatte die Mängel der Gesellschaft dazu benutzt, seine Unfähigkeit zu verbergen, seiner Freundin Einhalt zu gebieten. Nachdem ihm seine Vermeidungsstrategie bewußt geworden war und er begonnen hatte, an seinem aktuellen Problem – dem Mangel an Selbstachtung – zu arbeiten, bekam er das Gefühl, die Dinge mehr unter Kontrolle zu haben. Es gelang ihm zu verhindern, daß die Auseinandersetzungen mit seiner Freundin (wie bisher) eskalierten. Er erzählte mir sogar, daß seine Freundin ihn nun viel besser behandele und die Beziehung ganz allgemein sich verbessert habe, seitdem er ihr deutlich gezeigt hatte, wie sehr er ihr Verhalten mißbilligte.

Stufe 2
Stellen Sie sich dem aktuellen Problem.

Wenn Verallgemeinerungen als Vorwand benutzt werden, verbirgt sich dahinter gewöhnlich eine Angst, die unüberwindlich scheint. Die Furcht selbst ist jedoch oft viel bedrohlicher als das Objekt oder die Situation, mit dem/der sie gekoppelt ist. Wie oft machten wir uns die größten Sorgen über etwas, nur um festzustellen, daß alles halb so schlimm war und ganz anders, als wir erwartet hatten! Die ganzen Horrorszenen, die Sie sich im Geiste ausgemalt hatten, lösten sich in Luft auf, als Sie sich tatsächlich mit der Situation konfrontierten. Vielleicht glaubten Sie, an Ihrem Arbeitsplatz niemals Ihre wahre Meinung sagen zu können – aus Angst, Ihre Stelle zu verlieren. Wenn sie sich dann endlich dazu durchringen, zu sagen, was Sie auf dem Herzen haben, stellen Sie fest, daß Sie Ihren Arbeitsplatz keineswegs verlieren, sondern tatsächlich bekommen, was Sie wollen.

Stufe 3
Übernehmen Sie Verantwortung für sich selbst.

Wenn Sie dem »System« die Schuld dafür geben, daß Sie nicht erreichen, was Sie wollen, so sagen Sie damit, daß Sie hilflos und unfähig zu eigenständigem Handeln sind. Als Therapeutin bin ich mir der Tatsache bewußt, daß manche Menschen wirklich im tiefsten Innern das Gefühl haben, nicht Herr über ihr Leben zu sein. In diesen Fällen ist professionelle Hilfe unumgänglich. Doch die meisten von uns wissen sehr wohl, daß sie mehr dafür tun könnten, ihre Ziele zu erreichen, wenn sie sich nur die Mühe machen würden, und *hier* liegt unsere Verantwortung. Wenn wir unsere Apathie überwinden und aufhören, andere für unsere Schwierigkeiten verantwortlich zu machen, beginnen wir, die Dinge zu lenken und Regisseur unseres eigenen Stückes zu sein. Wenn wir zulassen, daß andere unser Drehbuch schreiben, drücken wir uns vor der Verantwortung und werden entsprechend behandelt. Vielleicht erscheint uns dies als der bequemste Weg, aber es ist sicher nicht der beste. Da Sie der einzige Mensch sind, der Ihre eigenen Bedürfnisse wirklich kennt (vorausgesetzt, Sie haben sich die Zeit genommen, herauszufinden, was Ihre wahren Bedürfnisse sind), ist es unwahrscheinlich, daß andere in der Lage sein werden, vollkommen in Ihrem Interesse zu handeln. Verantwortung für sich selbst übernehmen heißt, daß man aufstehen und über seine Bedürfnisse sprechen muß, daß man aktiv geeignete Schritte unternehmen muß, die einen den eigenen Zielen näherbringen, und daß man akzeptieren muß, auf dem Weg dorthin vielleicht Fehler zu machen.

Die gesellschaftlichen Bedingungen waren zu keiner Zeit ideal, und doch hat es immer Menschen gegeben, die ihren Weg gemacht haben – ganz gleich, welche Hindernisse auftauchten; und es gab andere, die versagten, ganz gleich, welche günstigen Gelegenheiten das Leben ihnen bot. Es liegt ganz allein an Ihnen, zu welcher Gruppe Sie gehören möchten. Wir haben durchaus Einfluß auf die Richtung, in die unser Leben geht, und selbst wenn wir unsicher sind, welchen Weg wir einschlagen sollen, können wir uns eine Karte kaufen und uns über die möglichen Routen informieren. Es gibt keinen richtigen oder falschen Weg, es gibt nur *Ihren* Weg.

Stufe 4
Werden Sie sich klar über Ihre Werte.

Einer meiner Lehrer pflegte darüber zu lamentieren, daß die Welt sich seit seiner Kindheit so sehr zum Negativen gewandelt hätte, daß die Menschen heutzutage keine Ideale mehr hätten und daß die alten Werte verschwunden und keine neuen an ihre Stelle getreten seien. Ich erinnere mich, daß ich damals mit dem Kopf nickte und traurig bei dem Gedanken war, daß es mit unserer Welt rapide abwärts ging. Ich hoffte nur, daß es mir gelingen würde, rechtzeitig vor dem Aufprall abzuspringen. Wenn ich an diese Zeit zurückdenke, stelle ich fest, daß ich die Dinge heute ganz anders sehe. Wie war mein Lehrer zu dem Schluß gekommen, die alten Werte seien nicht mehr gültig, und was waren das überhaupt für »Werte«? Es hörte sich an, als spräche er von Eigenschaften wie Ehrlichkeit, Anstand und Verläßlichkeit. Wie hätte man diese Werte abschaffen können? Wurden sie per Dekret für null und nichtig erklärt? Oder vergessen die Menschen einfach, daß diese Werte existieren, und verhalten sich deshalb unehrlich, nachlässig und rücksichtslos? Ich persönlich glaube, daß die alten Werte noch ganz lebendig und auch heute sehr gefragt sind. Es kann durchaus sein, daß unsere Moralvorstellungen sich gelockert haben, daß der gesellschaftliche Umgang liberaler geworden ist und daß die Menschen dadurch heikle Themen offener ansprechen können. Das mag für einige unbequem sein, die es lieber sehen würden, wenn alte Tabus, wie Inzest, Vergewaltigung oder Homosexualität, nicht ins Blickfeld der Öffentlichkeit rückten. Gleichzeitig jedoch hilft diese Offenlegung den Opfern des Mißbrauchs, die so besser geschützt werden können.

Wenn Sie sich über Ihre eigenen Werte klar werden wollen, dann denken Sie einmal darüber nach, welche Eigenschaften Sie bei einem guten Freund erwarten. Das mögen Treue, Engagement, Ehrlichkeit, Unterstützung und so weiter sein. Sie können diese Eigenschaften, je nach Ihren Präferenzen, sogar in eine bestimmte Rangordnung bringen, und Sie werden feststellen, daß diese Werte auf einmal für Sie real werden. Sie werden real, weil Sie sie auf bestimmte Situationen anwenden können. Sie spüren, wenn jemand ehrlich ist, denn Sie haben Unehrlichkeit schon erfahren; Sie erkennen, wenn jemand sich wirklich einsetzt, denn Sie sind schon auf Vernachlässigung und Desinteresse gestoßen.

Ihre Werte werden auch von den Erfahrungen bestimmt, die Sie bisher im Leben gemacht haben – Werte können also nicht als allgemein verbindlich gelten, sondern müssen immer in einem persönlichen Licht gesehen werden. Ihre Werte sind direkt mit Ihren Einstellungen und Ihrer Denkungsart verknüpft und sind als solches Ausdruck Ihrer Persönlichkeit. Auf Ihrem Weg der Selbsterkenntnis müssen Sie an einem bestimmten Punkt auch Ihre Werte bestimmen. Eines Ihrer Ziele auf dem Weg des persönlichen Wachstums könnte es sein, jene Qualitäten in sich selbst zu entwickeln, die Sie in anderen suchen.

Lernen Sie, es nicht mehr allen recht machen zu wollen

Der Versuch, die Erwartungen anderer zu erfüllen, ist eine Vollzeitbeschäfigung, die bei maximalem Einsatz geringe Belohnung und eine minimale Erfolgsquote verspricht. Mit anderen Worten, es lohnt sich nicht (falls Ihr emotionales Wohlergehen Ihnen etwas bedeutet). Außerdem funktioniert es auch nicht, weder für Sie selbst noch für irgend jemand anderen. Das liegt daran, daß Sie, wenn Sie ständig versuchen, andere zufriedenzustellen, einfach nicht Sie selbst sind.

STUFENPLAN

Stufe 1
»Sei du selbst.«

Das klingt einfach, aber es ist wahrscheinlich eine der schwierigsten Aufgaben im Leben. In dem Moment, in dem man jemanden bittet, natürlich zu sein, ist er befangen und kann nicht mehr natürlich sein. Wie macht man das: man selbst sein? Diese Frage zeigt schon den Widerspruch, der darin liegt, auf der einen Seite das eigene Verhalten zu steuern und sich auf der anderen Seite ohne Maske so zu geben, wie man ist. Man kann nichts tun, um man selbst zu sein, denn sobald man etwas tut, manipuliert man sich. Natürlich sein heißt, sich eher auf das zu konzentrieren, was man tut, als auf die eigene Person. Wenn Sie sich mit einem Freund unterhalten, sind Sie natürlich. Wenn Sie jedoch innerlich mit dem beschäftigt sind, was Ihr Gegenüber sagt, oder wenn Sie überlegen, ob Sie Ihr Make-up auffrischen oder auf der anderen Seite sitzen sollten, weil das Ihr Profil besser zur Geltung bringt, sind sie *nicht* natürlich. Man selbst sein heißt, sich selbst zu vergessen, sich keine Sorgen darüber zu machen, was andere denken, nicht darüber nachzudenken, wie man aussieht oder klingt. Das ist natürlich so, als würde man jemandem sagen, er solle nicht an einen rosa Elefanten denken. Das erste, was ihm in den Sinn kommt, ist ein rosa Elefant – selbst wenn er in seinem ganzen Leben noch nie an einen gedacht hat. Die Lösung des Problems besteht darin, die Aufmerksamkeit auf das zu richten, was man gerade tut. Konzentrieren Sie sich mit allen Sinnen auf die Aktivität, mit der Sie gerade beschäftigt sind, richten Sie Ihr Interesse auf Ihre gegenwärtige Tätigkeit, und gehen Sie darin auf. Achten Sie auf die Einzelheiten. Wenn Sie den Garten umgraben, betrachten Sie die Erde, ihre Farbe, die Formen, die Anzahl der Steine darin und die Lebewesen, die in ihr existieren. Nehmen Sie die Farbe des Himmels wahr, den Lufthauch des Windes, das Geräusch des Spatens, der in die Erde eindringt. Wenn Sie am Arbeitsplatz mit einer Kollegin sprechen, beobachten Sie ihren Gesichtsausdruck, ihre Gesten, achten Sie darauf, was sie sagt und wie sie es sagt. Indem Sie sich auf einen Menschen oder eine Tätigkeit konzentrieren, ziehen Sie die Aufmerksamkeit automatisch von sich selbst ab. Sie sind dadurch nicht nur weniger befangen, sondern erzielen auch bessere Ergebnisse bei Ihrer Arbeit.

Manchen Menschen fällt es schwer, »loszulassen« und sich wirklich auf ihre Tätigkeit zu konzentrieren, weil sie sich ständig selbst beobachten und beurteilen, so, als stünden sie neben sich. Wie in der Waschmittelwerbung im Fernsehen, wo das Gewissen der Hausfrau plötzlich in Form einer zweiten Person neben ihr steht und sie dafür tadelt, daß ihre Wäsche nicht perfekt weiß geworden ist. Diese überkritische Haltung der eigenen Person gegenüber wird durch bestimmte Erfahrungen in der Vergangenheit geprägt, in der man immer wieder von andern kritisiert wurde. Vielleicht liegt die Ursache in der Kindheit, sie kann aber auch in der jüngeren Vergangenheit zu finden sein. Eine übermäßig harte Beurteilung durch andere untergräbt auf die Dauer Ihr Selbstbewußtsein und sät Zweifel in Ihnen, ob Sie überhaupt etwas richtig machen können. Schließlich internalisieren Sie die Kritik, was dazu führt, daß Sie ein allgemeines Schuldbewußtsein entwickeln. Selbst wenn die Person, die Sie ursprünglich kritisierte, schon längst nicht mehr in Ihrer Nähe ist, werden Sie ihren Zensor nicht los: Ihr Unterbewußtsein hat diesen Job übernommen; Sie kritisieren sich selbst. Mit anderen Worten, Sie können sich nicht erlauben, Ihre Aufmerksamkeit von Ihrer Person abzuziehen, um mit dem voranzukommen, was Sie wirklich tun möchten.

Es ist jedoch wichtig, daß Sie Sie selbst sein können, denn es ist die harmonischste Art zu leben, die man sich vorstellen kann. Sie verschwenden eine Menge Energie, wenn Sie sich ständig selbst beschuldigen und kritisieren oder gegen Ihre eigenen Interessen handeln, weil Sie ständig versuchen, es allen anderen recht zu machen. Sie müssen, wenn es darauf ankommt, in der Lage sein, zu erkennen, was *Sie* möchten, oder Sie werden am Ende Ihres Lebens feststellen, daß Sie das Leben von jemand anderem – nicht Ihr eigenes – geführt haben.

Stufe 2
Erlauben Sie anderen, sie selbst zu sein.

Ein sicheres Rezept, um ein Desaster zu erleben, ist der Versuch, andere zu ändern. Es ist eine Illusion zu glauben, man könne das Verhalten seines Partners verändern, wenn man erst einmal verheiratet ist. Das haben schon viele Paare schmerzlich erfahren müssen. Die einzige Person, die ihren Partner ändern kann, ist Ihr Partner selbst, und das wird entweder dann geschehen, wenn Ihr Partner den Wunsch verspürt, sich zu ändern, oder wenn Sie Ihr Verhalten ihm gegenüber verändern.

Um sich zu ändern, müssen Sie den Wunsch haben, sich zu ändern. Sie müssen den Wunsch haben, sich selbst zu erkennen, und weder das eine noch das andere kann durch Druck von außen erreicht werden. Die Arbeit an der eigenen Person ist ein freiwilliger Akt. In meiner Hypnotherapie-Praxis begegnen mir viele Klienten mit emotionalen Problemen, und hin und wieder bekomme ich Anrufe von Leuten, die mich bitten, einem Freund oder Verwandten einen Prospekt zu schicken, »weil Ihnen ein wenig Psychotherapie nicht schaden könnte«. Ich erkläre diesen Anrufern stets, daß es wenig sinnvoll ist, einem Menschen Informationen über meine Praxis zuzuschicken, der nicht von sich aus den Wunsch nach einer Behandlung verspürt. Ich schlage statt dessen vor, daß der Anrufer mit seinem Freund oder Verwandten spricht und ihm meine Telefonnummer gibt, damit der Betreffende mich selbst anrufen kann, falls er Interesse an dieser Art von Behandlung hat. Ich nehme auch niemanden zur Behandlung an, wenn ich während des Einführungsgespräches herausfinde, daß der Betreffende von einem Verwandten unter Druck gesetzt wurde und eigentlich gar nicht in meine Praxis kommen wollte.

Sie sollten nicht der falschen Vorstellung verfallen, daß Sie andere dazu bringen können, ihre Gewohnheiten, Verhaltensweisen oder Einstellungen zu ändern. Anderen zu erlauben, sie selbst zu sein, heißt allerdings nicht, daß Sie alles schlucken müssen, was man Ihnen auftischt. Wenn ein Mann jede Nacht betrunken nach Hause kommt und seine Frau und Kinder prügelt, wäre ich die erste, die der Frau dringend raten würde auszuziehen, *gerade weil es ihr nicht gelingen wird, ihn zu ändern.* Wenn eine Frau ihren Ehemann immer wieder mit anderen Männern betrügt, muß er es entweder mit einem gequälten Lächeln hinnehmen oder sich aus der Beziehung lösen, *gerade weil er sie nicht ändern kann.*

Im Idealfall wählen wir unsere Freunde und Geliebten aus einer Kategorie von Menschen, mit der wir uns wohlfühlen. Wenn die Beziehung zu einem anstrengenden Kampf wird, wenn wir uns abmühen müssen, um es dem anderen recht zu machen, heißt das, daß wir nicht gut zusammenpassen.

Stufe 3
Welchen Preis zahlen Sie für den Versuch, es anderen stets recht zu machen?

Ihre Entscheidungen sollten das widerspiegeln, was *Sie* für das beste halten, nicht das, was andere Ihrer Meinung nach von

Ihnen erwarten. Wenn Sie jemand um einen Gefallen bittet, sollte Ihre Zustimmung kein Automatismus sein, der sofort anspringt, wenn jemand eine Bitte an Sie richtet. Denken Sie darüber nach: Wollen Sie wirklich tun, worum Sie gebeten werden? Müssen Sie sich selbst unverhältnismäßig verausgaben, um diese Bitte zu erfüllen, und, falls ja, wollen Sie es wirklich tun? Möchten Sie diesem bestimmten Menschen helfen?

Eine meiner Klientinnen, nennen wir sie Doris, war mit Ihrem Leben und mit sich selbst sehr unzufrieden, weil es ihr nicht gelang, ein Problem zu lösen, das sie mit ihrer Mutter hatte. Die alte Dame lebte im Altersheim und war durch eine Beinverletzung ans Bett gefesselt.

Das Altersheim war von Doris' Wohnung nur durch eine zweistündige Busfahrt zu erreichen. Da Doris alleinerziehende Mutter war und außerdem einer Ganztagsbeschäftigung nachging, mußte sie sehr viel organisieren, um ihre Mutter einmal in der Woche im Heim besuchen zu können. Die Mutter war eine ziemlich schwierige Person, dominant und nörglerisch im besten Fall, und ihre Krankheit hatte nicht gerade dazu beigetragen, sie verträglicher zu machen. Doris fürchtete die wöchentlichen Besuche. Obwohl sie sich jedesmal die Mühe machte, ein kleines Geschenk mitzubringen, zeigte die Mutter kaum jemals, daß sie sich über die Besuche überhaupt freute. Nach etwa zehn Minuten pflegte die Mutter demonstrativ die Augen zu schließen und bat Doris zu gehen, weil sie müde sei. Anfangs war Doris sehr besorgt über die anscheinende Schwäche ihrer Mutter, bis sie von einer der Schwestern hörte, daß die Mutter normalerweise den ganzen Tag und Abend hindurch sehr wach in ihrem Bett säße und noch nicht einmal nach dem Mittagessen ein Nickerchen machte. Doris begann, sich ärgerlich und gleichzeitig hilflos zu fühlen. Die Mutter hatte kaum Freunde, ihr Ehemann war schon vor langer Zeit gestorben, und Doris' Bruder lebte in einer weit entfernten Stadt. Doris war also die einzige Verwandte in der Nähe, und sie hatte das Gefühl, daß es ihre Pflicht sei, die Mutter regelmäßig zu besuchen. Doch nach jedem Besuch, nach jeder unfreundlichen Zurückweisung, verspürte sie weniger Lust, dorthin zu fahren, und die Pflicht wurde zu einer Bürde. Sie hatte das Gefühl, hingehen zu müssen, denn sie konnte nicht mit dem Schuldgefühl leben, das sie unweigerlich bedrängen würde, wenn sie ihre Mutter nicht besuchte. Sie hatte auch das Gefühl, geduldig und freundlich mit ihrer Mutter sein zu müssen, denn diese war alt und fühlte sich nicht wohl. Mir gegenüber räumte Doris jedoch ein, daß es ihr sehr mißfiel, für all ihre Mühe so rüde behandelt zu werden. Doris war eine sanfte und freundliche Frau, die zuerst immer den Fehler bei sich selbst suchte, bevor sie mit dem Finger auf jemand anderen zeigte, und sie zweifelte, ob es gestattet sei, für sich selbst einzutreten, geschweige denn, sich gegen das rüde Verhalten ihrer Mutter zu wehren. Sie hatte das Gefühl, daß sie einer wehrlosen Person nicht zu hart begegnen dürfe, doch gleichzeitig machten ihr ihre Gefühle ganz klar, daß sie sehr verärgert darüber war, so herumgestoßen zu werden. Wir beschlossen deshalb, daß Doris wagen sollte herauszufinden, was geschehen würde, wenn sie ihrer Mutter gegenüber etwas bestimmter auftrat. Es dauerte noch ein paar Wochen, bis sie den Mut fand, aber dann machte sie ihre Sache sehr gut. Das Resultat war überraschend. Wieder hatte die Mutter sie nach kurzer Zeit gebeten zu gehen. Doch anstatt unterwürfig (aber wütend) das Zimmer zu verlassen, sagte Doris, daß sie nicht daran denke, nach fünfzehn Minuten schon wieder zu gehen, nachdem sie zwei Stunden im Bus verbracht hatte, um herzukommen, und daß sie die Mutter für eine Weile nicht mehr besuchen würde, wenn diese sich nicht bemühte, etwas freundlicher zu sein. Die Mutter wandte sich Doris zu, nahm ihre Hand, dankte ihr zum ersten Mal im Leben dafür, daß sie nach ihr schaute, und sagte ihr, daß sie sie liebte. Die folgenden Besuche verliefen außergewöhnlich gut, die Mutter war freundlich und erkundigte sich nach Doris' Arbeit, und obwohl die Mutter manchmal in ihre alten Verhaltensweisen zurückfiel, gelang es Doris, ihren Standpunkt zu verteidigen, und die Besuche wurden für beide viel erfreulicher.

Nachdem sie das erste Mal für sich selbst eingestanden war, berichtete Doris, es sei für sie wie eine Offenbarung gewesen, und sie habe mehr erreicht, indem sie sie selbst war, als all die Jahre, in denen sie versucht hatte, es ihrer Mutter recht zu machen.

Stufe 4

Machen Sie es sich selbst recht, bevor Sie es anderen recht machen.

Ich möchte ausdrücklich betonen, daß man nicht rüde oder rücksichtslos sein muß, um man selbst zu sein, man muß einfach nur lernen, mit den eigenen Gefühlen in Einklang zu sein. Sie werden immer noch mit anderen verhandeln müssen, um das zu erreichen, was Sie möchten, aber indem Sie Sie selbst bleiben, werden Sie zu einem gleichwertigen Verhandlungspartner. Es ist unverantwortlich, Wut und Ärger sich solange aufstauen zu lassen, bis der kleinste Anlaß eine Explosion auslösen kann. Bevor Sie es anderen recht machen können, müssen Sie lernen, es sich selbst recht zu machen. Nur dann werden Sie in der Lage sein, anderen wirklich von Herzen etwas zu geben, weil Sie es wollen und nicht aus Pflichtgefühl oder weil Sie glauben, daß die andere Person es von Ihnen erwartet. Es ist besser, weniger zu geben, wenn es aus frohem Herzen kommt, als viel zu geben und innerlich dabei mit den Zähnen zu knirschen. Es ist wichtig, daß Sie lernen, »nein« zu sagen, wenn Sie etwas nicht tun möchten. Wenn Sie »ja« sagen und »nein« meinen, schaffen Sie einen Konflikt, der Streß auslöst, und je öfter Sie dieses Ungleichgewicht in Ihrem Innern zulassen, desto seltener werden Sie das Gefühl haben, sich selbst und Ihr Leben im Griff zu haben. Es gibt verschiedene Möglichkeiten sich auszudrücken. Manchen Menschen fällt es leichter als anderen, geradeheraus zu sagen, was sie wollen und was nicht. Es gibt keinen »einzig richtigen« Weg. Sie können mit leiser Stimme sprechen und dennoch sehr bestimmt sein. Für Ihr emotionales Gleichgewicht ist wichtig, *was* Sie sagen. Davon, *wie* Sie es sagen, hängt ab, wie Ihre Verhandlungen mit anderen ausgehen. Wenn Sie hysterisch oder aggressiv werden, büßen Sie an Glaubhaftigkeit ein und geben anderen außerdem das Gefühl, in die Ecke gedrängt zu werden. Obwohl der andere Ihren Wünschen vielleicht entspricht, tut er es unter Druck, und das ist keine gute Basis für eine Zusammenarbeit.

Was wirklich zählt, ist, daß Ihre Handlungen im Einklang mit Ihren Gefühlen stehen. Das wird Sie zu einem freieren und glücklicheren Menschen machen. Wenn Sie versuchen, es anderen stets recht zu machen, vernachlässigen Sie sich selbst. Stellen Sie andere nicht auf ein Podest, es sind auch nur Menschen, genau wie Sie. Und vergessen Sie nicht: Je glücklicher Sie selbst sind, desto glücklicher können Sie andere machen.

Lernen Sie, Apathie zu überwinden

Bitte verwechseln Sie Apathie nicht mit Entspannung; das sind zwei völlig verschiedene Seinszustände, selbst wenn sie von außen gleich erscheinen mögen. Wenn Sie entspannt sind, arbeiten Ihr Körper und Ihr Geist harmonisch zusammen. Im Falle von Apathie ist Ihr Körper zwar vielleicht ebenfalls bewegungslos, Ihr Geist befindet sich jedoch in Aufruhr. Apathie ist ein Zustand unglücklicher Lustlosigkeit, in dem uns nichts mehr anspricht, das Leben seinen Geschmack, seine Farbe und seine Form verloren zu haben scheint und uns alles gleichgültig ist. Die meisten von uns haben schon einmal eine milde Variante dieses Zustands erlebt: Wir möchten uns in Form bringen, aber wir können uns nicht aufraffen, ein Trainingsstudio aufzusuchen; wir haben lange an einem Projekt gearbeitet, und nun haben wir jegliches Interesse daran verloren und wollen uns nicht länger damit beschäftigen; wir durchleben eine emotional aufwühlende Phase, die all unsere Lebenskraft aus uns herauszusaugen scheint. Auch Überarbeitung oder Unterforderung oder eine momentane Pechsträhne können uns dazu bringen, daß wir auf einen Zustand passiver Interesselosigkeit umschalten. Emotionale Erstarrung kann auch die Begleiterscheinung einer unterschwelligen Depression sein, die auf ungelöste Konflikte der Vergangenheit zurückgeht, Konflikte, die unterdrückt wurden und an die man sich nun nicht mehr bewußt erinnert. Es ist ziemlich schwierig, einen solchen Zustand der Lustlosigkeit zu überwinden, denn man muß Motivation entwickeln, um den Zustand der Motivationslosigkeit zu überwinden, das heißt, das Heilmittel und das Problem sind ein und dasselbe. Solange jedoch noch ein winziges Fünkchen Motivation übrig ist, können Sie darauf aufbauen und allmählich die Flamme wieder zum Lodern bringen, bis Sie mit dem

Grad Ihrer Aktivität zufrieden sind. Es ist wichtig, sich zunächst einmal über die Ursachen klarzuwerden.

Stufenplan

Stufe 1
Sind Sie überarbeitet oder unterfordert?

Die Strategie, mit der Sie gegen Ihre Lustlosigkeit angehen sollten, hängt von mehreren verschiedenen Faktoren ab. Um herauszufinden, wie Sie das Problem am besten angehen können, müssen Sie sich zunächst darüber klarwerden, ob Ihre Apathie durch eine übermäßige Arbeitslast oder aber durch den Mangel an Herausforderungen oder Forderungen in Ihrem Leben hervorgerufen wird. Letzteres kann der Fall sein, wenn Sie in eine Routine hineingeraten sind, in der Sie geistig und physisch träge werden, weil Sie bewußt oder unbewußt neue Anregungen vermeiden. Vielleicht haben Sie Ihre Arbeit verloren oder aufgegeben oder eine lange Krankheit durchgemacht. Je länger Sie davor zurückschrecken, neue Dinge zu wagen und neue Herausforderungen anzunehmen, desto ängstlicher werden sie. Je länger Sie arbeitslos sind, desto größer werden Ihre Zweifel, ob Sie noch in der Lage sein werden, den Anforderungen einer Arbeitsstelle gewachsen zu sein. Je länger Sie krank waren, desto größer werden Ihre Zweifel über Ihre Widerstandskraft und Ihre Fähigkeit, neuen Anforderungen gerechtzuwerden. In solchen Situationen scheint es manchmal sicherer zu sein, in der zurückgezogenen Position zu verharren, als sich wieder hinaus in die Welt zu wagen und möglicherweise zu versagen. Wir müssen unseren Unternehmungsgeist regelmäßig trainieren, sonst verlieren wir ihn schließlich.

Wenn Sie überarbeitet sind, ist Ihre Apathie ein Symptom der Spannung, unter der Sie stehen: Weil Ihnen keine Zeit zum Atemholen bleibt, vermeiden Sie automatisch alle Aktivitäten, die nicht unbedingt notwendig scheinen, und das sind sehr oft jene Aktivitäten, die Ihre privaten Interessen betreffen. Sie haben das Gefühl, Sie *sollten* ein Hobby haben, aber Sie können sich nach einem harten Arbeitstag einfach zu keiner Initiative aufraffen. Statt dessen sinken sie vor dem Fernseher in einen

Sessel, essen noch etwas und fallen dann ins Bett. In diesem Fall muß die Apathie im Hinblick auf die Arbeitsüberlastung bekämpft werden. Es hat also keinen Zweck, »sich zusammenzureißen« und sich noch härter anzutreiben, um vielleicht noch zusätzlich einen Abendkurs zu besuchen. Das würde bedeuten, daß Sie Ihren Organismus noch weiter überlasten. Sie werden zunächst Ihre Arbeitssituation analysieren müssen, und wenn ich »Arbeit« sage, dann meine ich alles, von der Tätigkeit einer Hausfrau und Mutter bis hin zu der eines Managers in einem multinationalen Konzern. Wenn Sie feststellen, daß Ihre Arbeit Sie beherrscht anstatt umgekehrt, ist es Zeit, einzugreifen und Maßnahmen einzuleiten, die die Situation wieder unter Kontrolle bringen (siehe auch Seite 117, »Lernen Sie, nichts zu tun«).

Wenn Sie jedoch unterfordert sind, müssen Sie eine andere Strategie anwenden, um Ihre Apathie zu überwinden. Ich habe eine Freundin in Amerika, eine Frau von 35 Jahren, die mit ihrem Mann und einer halbwüchsigen Tochter in einem Haus mit Swimmingpool in einem Vorort von Pittsburgh lebt. Sie arbeitet an zwei Nachmittagen in der Woche als Zahnarzthelferin, hat eine vollautomatische Küche und serviert hauptsächlich Fertiggerichte. Sie liebt es, an ihrem Swimmingpool zu sitzen, Bücher zu lesen und Drinks zu schlürfen. Die Katastrophe bricht jedesmal herein, wenn der Waschtag näherrückt. Meine Freundin haßt nichts so sehr wie Waschtage, ausgenommen vielleicht noch das Bügeln. Sie verbringt zwei volle Tage damit, sich auf das große Ereignis vorzubereiten, läuft seufzend durchs Haus und beklagt sich über die Ungerechtigkeit des Schicksals, bis sie schließlich die Wäsche aus dem Wäschekorb zusammensucht, sie nach unten bringt und in die Waschmaschine stopft. Vom Wäschesortieren bis zum Einfüllen des Waschpulvers in die Maschine dauert die gesamte Prozedur vielleicht zehn Minuten, und es ist fast unglaublich, welcher Anlauf dazu nötig zu sein scheint.

Wenn Sie längere Zeit inaktiv waren, kann Lustlosigkeit zu einer schlechten Angewohnheit werden. In diesem Fall müssen Sie lernen, sich allmählich wieder an mehr Streß zu gewöhnen (siehe Stufe 3). Während Sie das tun, kommen Sie vielleicht manchmal an einen Punkt, an dem Sie sich fragen: »Warum tu' ich mir das eigentlich an?« Sie fühlen sich müde und erschöpft, und Ihre Bemühungen sind vielleicht nicht so erfolgreich, wie Sie es sich wünschen. Aber Sie waren ja auch nicht gerade zufrieden, als Sie noch in Ihrem Zustand der Lustlosigkeit verharrten. Jetzt fangen Sie zumindest wieder an, etwas zu erreichen, und wenn Sie erst einmal wieder Ihren Rhythmus von Aktivität gefunden haben, werden Sie Ihre Aufgaben mehr und mehr genießen und immer erfolgreicher werden. Sie müssen wirklich nur die ersten paar Wochen durchhalten. Wenn Sie diese Zeit überstanden haben, werden Sie sich viel besser fühlen und froh sein, daß Sie die Mühe auf sich genommen haben.

Stufe 2
Wie schwerwiegend ist Ihre Apathie?

a) Ich war schon immer ein fauler Mensch. Ich liebe es, herumzusitzen und nichts zu tun.

b) Es fällt mir schwer, mich zu bestimmten Haushaltspflichten wie Bügeln, Gartenarbeit oder Reparaturen aufzuraffen.

c) Ich habe vor einiger Zeit meine Arbeit verloren, und ich bin jetzt so daran gewöhnt, nichts zu arbeiten, daß ich jegliche Motivation verloren habe, mich nach einer neuen Arbeitsstelle umzusehen.

d) Ich habe mein Studium fast abgeschlossen, und nun stelle ich fest, daß ich mich nicht dazu motivieren kann, für die Prüfungen zu arbeiten.

e) Ich bringe es nicht fertig, meine äußere Erscheinung zu pflegen (beispielsweise abzunehmen, zu trainieren, einen gepflegten Haarschnitt zu bekommen, mich besser zu kleiden), obwohl ich gern besser aussehen und mich besser fühlen möchte.

f) Ich habe kein Interesse mehr am Leben, seit mein Mann gestorben ist/meine Freundin mich verlassen hat.

g) Ich kann das Haus nicht verlassen, weil ich auf freien Plätzen Angstzustände bekomme. Ich fürchte mich vor allem und jedem.

Anmerkungen:

a) Großartig! Wenn Sie es unterhaltsam finden, herumzusitzen und nichts zu tun, sollten Sie es weiterhin genießen. Sie haben kein Problem – solange es Sie nicht stört, daß andere Menschen Sie ein bißchen langweilig finden.

b) Verständlich. Es ist ein allgemein bekanntes Phänomen, daß der Energiepegel auf null sinkt, wenn man mit einer unerfreulichen Aufgabe konfrontiert wird. Unter Stufe 3 finden Sie Vorschläge zu diesem Thema.

c) und d) Verständlich. Dies hat allerdings weitreichendere Konsequenzen als b), weil Sie mehr zu verlieren haben, wenn Sie nicht aus Ihrer Lethargie herauskommen.

e) Sie müssen aktiv werden. Was ist mit Ihrer Selbstachtung geschehen? In diesem Fall ist es wichtig, die Hintergründe zu erforschen. Siehe auch Stufe 3 und Kapitel 15.

f) Sie haben ein ernstes Problem. Sie werden eine Menge Hilfe von Freunden oder sogar professionelle Hilfe brauchen, wenn Sie das Gefühl haben, daß die Dinge außer Kontrolle geraten.

g) Sie haben ein ernstes Problem. Suchen Sie professionelle psychotherapeutische Hilfe. Siehe auch Kapitel 15.

Stufe 3
Nehmen sie sich etwas vor, und erzählen Sie allen Ihren Bekannten davon.

Wie bei vielen anderen Aspekten des persönlichen Wachstums scheint es auch hier am besten zu sein, sich ein Ziel zu setzen und den Weg, der zu diesem Ziel führt, in kleine, gut zu bewältigende Schritte aufzuteilen. Es ist ein wenig so, als würde man einen Muskel trainieren, den man lange Zeit nicht mehr bewegt hat: Man kann ihn nicht sofort voll belasten. Statt dessen muß man ihn langsam aufwärmen, damit er allmählich wieder belastbarer wird.

Bei der hartnäckigsten Form von Lethargie kann bereits die Wahl des Zieles wie eine unüberwindliche Hürde erscheinen. Wenn Sie bisher nicht viel Interesse für die Welt um sich herum aufgebracht haben, könnte es sein, daß Sie sehr unsicher sind und nicht wissen, was für Sie überhaupt erstrebenswert ist. In diesem Fall ist es am einfachsten, sich anfangs auf Dinge zu konzentrieren, die sowieso getan werden müssen, anstatt sich beispielsweise ein neues Hobby zu suchen.

Betrachten wir uns ein Beispiel. Nehmen wir an, Sie müssen einen Beschwerdebrief an die Lieferfirma Ihrer Couchgarnitur schreiben, weil einer der Sessel mit verschmutzter Armlehne geliefert wurde.

Aufgabe	Zeitaufwand pro Arbeitsgang
a) Heraussuchen der Anschrift und/oder des Lieferscheines	1 bis 10 Minuten
b) Notizen machen: Was wurde geliefert, wann wurde es geliefert, und was war damit nicht in Ordnung? Notieren Sie, welche Art von Entschädigung Sie möchten. (Neue Ware/Geld zurück/ Ersatz der Reinigungskosten)	1 bis 5 Minuten
c) Machen sie Ihre Notizen in ganzen Sätzen.	10 Minuten
d) Schreiben oder tippen Sie den Brief ins reine.	10 bis 15 Minuten
e) Bringen Sie den Brief auf dem nächsten Einkaufsgang zum Briefkasten.	

Diese Liste, in der jeder kleine Arbeitsschritt mit Zeitangabe einzeln aufgeführt ist, mag Ihnen sehr pedantisch, vielleicht sogar ein bißchen lächerlich erscheinen, aber ich habe die Aufgabe aus einem bestimmten Grund in dieser Weise zerlegt.

Wenn Sie die Zeit, die Sie für die einzelnen Schritte benötigen, addieren, werden Sie feststellen, daß es maximal 40 Minuten dauert, um den Brief zu vollenden (die Zeit, die für das Suchen des Lieferscheines und durch mangelhafte Schreibmaschinenkenntnisse verlorengeht, ist bereits eingerechnet.) Mit einiger Übung können Sie eine solche Aufgabe später auch in der Hälfte der Zeit erledigen. Eine halbe Stunde, um eine unliebsame Aufgabe hinter sich zu bringen, – das ist wirklich nicht schlecht, nicht wahr? Selbst wenn Sie während der Woche arbeiten, können Sie diese halbe Stunde leicht irgendwann am Wochenende einschieben und haben trotzdem noch jede Menge Zeit für andere Dinge.

Wir überschätzen oft die Zeit, die wir für eine bestimmte Sache benötigen, weil wir uns einfach nicht aufraffen können, mit der vor uns liegenden Aufgabe zu beginnen. Wenn wir uns dann schließlich daranmachen, sind wir oft überrascht, wie schnell wir damit fertig sind.

Es kann auch hilfreich sein, andere darüber zu informieren, daß wir ein bestimmtes Projekt in Angriff nehmen wollen, und sie zu bitten, uns an dem von uns bestimmten Tag an unsere Aufgabe zu erinnern. Wenn man erst einmal öffentlich verkündet hat, daß man etwas Bestimmtes tun wird, ist es schon etwas schwerer, sich davor zu drücken.

Wenn Ihre Aufgabe etwas komplexer ist, brauchen Sie vielleicht mehrere Tage, um sie zu erledigen, aber die Vorgehensweise bleibt im Grunde gleich. Denken Sie daran, daß *jeder* neue Schritt, den Sie machen, ein Fortschritt ist und in die richtige Richtung führt, nämlich aus der Apathie heraus.

Wenn Sie mit anderen über Ihre Pläne sprechen, könnte das den zusätzlichen Vorteil haben, daß Sie jemanden finden, der Ihre neue Aktivität mit Ihnen teilen möchte. Oft ist es leichter, etwas bis zum Ende durchzuhalten, wenn man es gemeinsam mit einem anderen Menschen tut. Ziele wie Abnehmen oder Trainieren oder Abendkurse besuchen sind leichter erreichbar, wenn man sich gegenseitig ermutigen und über schwierige Zeiten hinweghelfen kann.

Stufe 4

Versuchen Sie nicht, perfekt zu sein.

Während Sie Ihre ersten Versuche starten, der Lethargie-Falle zu entkommen, sollten Sie keine perfekten Ergebnisse erwarten. Falls Sie das Gefühl haben, daß Ihr Beschwerdebrief noch eleganter formuliert werden könnte, Sie aber nicht wissen, wie Sie das bewerkstelligen sollen, sollten Sie ihn trotzdem abschicken. Solange er alle Fakten enthält, wird der Lieferant wissen, was Sie meinen. Die Frage ist nicht, ob Sie einen gut oder weniger gut formulierten Brief abschicken, die Frage ist, ob Sie überhaupt einen Brief abschicken oder nicht. Wenn Sie erst einmal wieder etwas aktiver geworden sind, können Sie anfangen, an der Qualität der betreffenden Sache zu arbeiten, doch bis dahin geht es in erster Linie darum, es zu tun, ganz gleich wie gut oder wie schlecht. Es würde Ihnen ja auch nicht einfallen, ein sechs Jahre altes Kind direkt aufs Gymnasium zu schicken; seien Sie also mit dem, was Sie von sich selbst erwarten, ebenso realistisch. Erledigen Sie die vor Ihnen liegende Aufgabe, aber seien Sie nachsichtig mit sich selbst. Ihre Ergebnisse werden besser, wenn Sie mehr Übung haben.

__15__

WENN GAR NICHTS MEHR HILFT

Wenn Sie emotional einigermaßen stabil sind, kann dieses Buch eine große Hilfe für Sie sein, indem es Sie anregt, neue Dinge zu wagen und Ihr Leben in seiner ganzen Fülle zu leben.

Es ist jedoch auch möglich, daß Ihre Fähigkeit, Ihr Potential voll auszuleben, durch traumatische Ereignisse in Ihrer Vergangenheit blockiert wurde und daß Sie nicht in der Lage sind, diese Traumata selbst zu lösen. Sie haben sicher bemerkt, daß ich in verschiedenen Kapiteln empfohlen habe, professionelle Hilfe zu suchen, wenn Sie das Gefühl haben, bestimmte Probleme nicht allein überwinden zu können.

Es ist etwas schwierig zu definieren, was mit »emotional stabil« gemeint ist. Einfacher ist es vielleicht, wenn wir an »Handlungsfreiheit« denken. Wenn Sie das Gefühl haben, daß Sie bestimmte Dinge, die Sie gern tun würden, nicht tun können (wie zum Beispiel mit anderen kommunizieren, Aufzüge benutzen, entspannt sein, Sex genießen) oder daß Sie nicht in der Lage sind, Dinge zu unterlassen, die Sie lieber nicht tun würden (wie zum Beispiel Nägelkauen, Kettenrauchen, aus Frustation essen oder häufig aufbrausen), dann können Sie sicher sein, daß Ihr Problem tiefere Ursachen hat.

Andere Symptome, die auf eine starke Störung des emotionalen Gleichgewichts hinweisen, sind Bettnässen, einige Formen von Asthma, Migräne und PMS, Impotenz, Anorexia nervosa und Bulimie, um nur einige zu nennen. Beim Vorgespräch mit meinen Klienten kläre ich stets ab, ob sie an irgendeiner Art von Phobie, an Zwängen oder Süchten leiden, denn auch diese deuten auf eine psychische Blockade hin. Phobien sind Ängste vor harmlosen Objekten oder Situationen. Die bekanntesten Phobien sind Klaustrophobie (die Furcht vor geschlossenen Räumen, zum Beispiel Aufzügen) und Agoraphobie (die Furcht vor freien Plätzen). Aber es gibt Hunderte anderer Phobien: die Furcht vor Vögeln, die Furcht vor Höhe, die Furcht vor Menschenmengen, die Furcht vorm Fliegen und so weiter. Wie Phobien so sind auch Zwänge sehr einschränkend für die Person, die darunter leidet. In diesen Fällen versucht der Betreffende, die Spannung abzubauen, indem er eine bestimmte Handlung wieder und wieder ausführt, etwa das Licht ausknipsen oder die Tür schließen oder den Gasherd ausschalten. Der Mensch, der unter solchen Zwängen leidet, schaltet beispielsweise das Licht in einem Zimmer aus, muß aber dann immer wieder zurückkehren, um nachzuschauen, ob das Licht wirklich aus ist, und er kann diesen Wiederholungszwang nicht stoppen, obwohl ihm klar ist, daß er schon mehrmals nachgesehen hat.

Zwanghafte Menschen führen bestimmte Handlungen zwanghaft aus, aber diese Handlungen haben auch eine rituelle Komponente. Es ist fast so, als wollte der Betreffende versuchen, eine aufgebrachte Gottheit zu besänftigen, damit sie ihm für etwas vergeben möge, für das sich der Betreffende (unbewußt) schuldig fühlt. Zwanghafte Persönlichkeiten spüren beispielsweise einen inneren Drang, alle Gegenstände auf ihrem Schreibtisch in einer geraden Linie auszurichten, oder sie müssen die Kacheln im Badezimmer zählen, bevor sie die Toilette benutzen können, oder sie spüren den Zwang, ihre Hände unzählige Male am Tag zu waschen. Oft werden die Zwänge immer komplizierter, bis sie das ganze Leben des Betroffenen beherrschen.

Alle diese Symptome sind Anzeichen dafür, daß dieser Mensch an etwas leidet, das sich in seinem Inneren abspielt und sich seiner Kontrolle entzieht. In diesem Fall ist professionelle Hilfe vonnöten. Es ist sehr wichtig, die Ursache herauszufinden, die das Symptom überhaupt erst notwendig machte, denn jedes Symptom, wie lächerlich es einem Außenstehenden auch erscheinen mag, hat eine Funktion – zum Beispiel die, unerträgliche Ängste oder Schuldgefühle im Zaum zu halten. Ist die Ursache einmal erkannt und ins Bewußtsein gebracht, ist das Symptom nicht mehr notwendig und verschwindet. Um zu den Wurzeln solcher Symptome vorzudringen, führe ich mit den Klienten eine Psychoanalyse unter Hypnose durch, in deren

Verlauf der Klient Erinnerungen aus der Vergangenheit noch einmal durchlebt. Mit der Hilfe der freien Assoziation, der Traumanalyse und anderer Techniken wird das unbewußte Material an die Oberfläche gebracht, und schließlich tauchen unterdrückte Inhalte und Gefühle auf, die dann auf der bewußten Ebene verarbeitet werden können. Wir neigen dazu, die emotionalen Auswirkungen vergangener Ereignisse zu unterschätzen, besonders wenn diese Ereignisse in der Kindheit stattfanden. Wenn wir einen bestimmten Vorfall mit den Augen eines Erwachsenen betrachten, neigen wir dazu, ihn als banal abzutun, doch derselbe Vorfall erscheint aus der Perspektive eines Kindes in einem ganz anderen Licht. Ich möchte Ihnen ein paar Beispiele geben.

Stottern

Ein 28 Jahre alter Mann kam wegen einer schweren Sprachbehinderung in meine Praxis. Andrew stotterte so stark, daß sich sein Gesicht verzerrte, als er versuchte, die Worte herauszubekommen, aber er machte trotz seiner Behinderung den Eindruck einer charismatischen, intelligenten und sehr humorvollen Persönlichkeit. Er arbeitete im Öffentlichen Dienst an einem Arbeitsplatz, wo kaum Publikumsverkehr herrschte. Er war beliebt bei den Kollegen und hatte es geschafft, sich ein wirkungsvolles Hilfsnetz aufzubauen, das ihm erlaubte, trotz seiner Sprachbehinderung effizient zu arbeiten. Seine Kollegen gingen für ihn ans Telefon, und er mußte nur manchmal Anfragen von Besuchern beantworten, was ihm, wenn auch unter Schwierigkeiten, stets gelang.

Andrew hatte im Laufe der Jahre eine Sprachtherapie und verschiedene andere Methoden ausprobiert, aber nichts hatte ihm geholfen. Solange er zurückdenken konnte, hatte er gestottert. Die erste erstaunliche Veränderung geschah, als er in der Hypnose in einen tiefen Entspannungszustand kam: Er begann sofort, klar und fließend zu sprechen, ohne ein einziges Mal steckenzubleiben. Das wiederholte sich in allen zehn Sitzungen. In dem Moment, in dem er in Hypnose fiel, verschwand seine Sprachbehinderung völlig. Dieser entspannte Zustand hielt jeweils noch eine kurze Zeit nach der Sitzung an, aber dann kam das Stottern zurück, anfangs nach ein paar Stunden, später erst nach ein paar Tagen. Offensichtlich mußte Andrew sich tief entspannen, um fließend sprechen zu können, aber was war die Ursache für seine Anspannung?

Andrew erzählte mir, daß er noch bei seinen Eltern lebte und sich gut mit seiner Mutter verstand. Mit seinem Vater, den er als jähzornig und tyrannisch beschrieb, hatte er jedoch Probleme.

Andrew ließ sich sehr leicht hypnotisieren und hatte ein ausgezeichnetes Gedächtnis. Er erinnerte sich nicht nur an Ereignisse, sondern konnte auch Gerüche, Empfindungen und visuelle Bilder aus der Vergangenheit beschreiben. Da sein Erinnerungsvermögen so hervorragend war (was nicht bei jedem Klienten der Fall ist), entschloß ich mich, ihm direkte Fragen zu stellen und nicht zu warten, bis er durch freie Assoziation an die unterdrückten Inhalte kommen würde. Ich forderte ihn auf, in seiner Erinnerung bis zu einem Zeitpunkt zurückzugehen, der direkt vor dem Beginn seines Stotterns lag, und er erinnerte sich spontan an sein drittes Lebensjahr:

Er stand im Garten seines Elternhauses vor einem Blumenbeet mit vielen gelben Blumen. Er wußte, daß seine Mutter Blumen liebte, und so beschloß er, ihr eine zu bringen. Er pflückte eine der gelben Blumen und war ganz aufgeregt und glücklich bei der Vorstellung, seiner Mutter gleich eine Freude zu machen. Er drehte sich um und wollte gerade zum Haus zurücklaufen, als ihm plötzlich sein Vater den Weg verstellte. Zornig schrie der Vater auf ihn ein, weil er eine Blume abgerissen hatte, und dann »schlug er mit voller Wucht gegen mein rechtes Schienbein; ich spüre jetzt sogar wieder den brennenden Schmerz, der bis zu meinem Knie hochschießt!« Das war das erste und letzte Mal, daß sein Vater ihn körperlich züchtigte. Der Schock und die Überraschung des kleinen Jungen über diesen plötzlichen Angriff waren so groß, daß er voller Panik zum Haus zurückrannte, direkt in die Arme seiner Mutter, die herausgekommen war, um zu sehen, was draußen los war. Sie hob ihn auf, denn er weinte bitterlich, und er erinnerte sich, daß sie, während er auf ihrem Arm saß, den Vater ausschalt (»Er ist doch noch so klein!«) und er sich schuldig fühlte, daß er den Streit seiner Eltern verursacht hatte.

Die Mutter trug ihn ins Haus, setzte ihn auf die Arbeitsplatte neben der Spüle und begann, sein Gesicht mit einem feuchten Tuch abzuwischen. Andrew schluchzte noch immer heftig und versuchte gleichzeitig, seiner Mutter zu erzählen, was vorgefallen war. Da er in der Aufregung nicht richtig atmen konnte, kamen seine Worte stotternd heraus, und seit dieser Zeit stotterte er immer, wenn er versuchte zu sprechen.

Als ich meinen Klienten aus der Hypnose zurückholte, sagte er: »Ich kann nicht glauben, daß ich das alles gesagt habe!« All die Jahre hatte er diesen Vorfall völlig vergessen, und doch war die Erinnerung daran so lebhaft gewesen, als er sich in diese entscheidende Zeit seines Lebens zurückversetzte. Einige weitere Sitzungen waren nötig, um die Angst vor dem Telefon zu überwinden. Da Andrew diese Aufgabe stets vermieden hatte, fehlte es ihm an Erfahrung, und er hatte jedesmal Angst, den Hörer abzunehmen. Abgesehen von gelegentlichen Pausen zwischen den Worten war das Stottern verschwunden, und das letzte, was ich von Andrew hörte, war, daß er sich um eine neue Stelle beworben hatte. Nachdem er sich von seiner Sprachbehinderung befreit hatte, eröffneten sich ihm nun viele neue Möglichkeiten.

Fallbeurteilung: Hier handelte es sich um einen Fall, in dem das persönliche Wachstum ganz offensichtlich von einem lange zurückliegenden Ereignis radikal blockiert wurde. Hätte ich den Grund für Andrews Behinderung gekannt und ihm gesagt, daß die Ursache für sein Stottern ein Schlag an sein Schienbein war, hätte er das sicher kaum glauben können. Wie konnte ein derart trivialer kleiner Vorfall eine so schwerwiegende Wirkung haben? Millionen von Kindern werden härter und öfter geschlagen und fangen dennoch nicht an zu stottern! Aber es geht nicht allein um den Akt des Schlagens, sondern auch um die individuelle Persönlichkeit des Kindes und seine Art, die Schläge zu interpretieren. Ebenso bestimmen der Zeitpunkt, der Ort und die Umstände des Geschehens, das heißt der Grund für die Bestrafung, den Ausgang mit.

Phobie

Richard kam in meine Praxis wegen einer Phobie, die sein gesamtes soziales und berufliches Leben stark einzuschränken drohte. Er war verheiratet, hatte erwachsene Kinder und arbeitete als technischer Leiter in einer großen Firma. Seit seinem achten Lebensjahr quälte ihn die Furcht, sich öffentlich zu blamieren und der Lächerlichkeit preiszugeben. Er konnte nicht einmal sagen, welche Handlung seinerseits eine solche peinliche Situation hervorrufen könnte, aber er fühlte sich nicht in der Lage, in Restaurants, Theater, ja selbst in Supermärkte zu gehen – aus Angst, plötzlich in den Mittelpunkt der Aufmerksamkeit zu geraten.

An seinem Arbeitsplatz fiel es ihm zunehmend schwer, an Sitzungen und Besprechungen teilzunehmen, und er achtete immer darauf, daß er in der Nähe einer Tür saß. Wenn man ihm eine Frage stellte und ihn in Erwartung der Antwort ansah, schaffte er es gerade noch, einen Satz herauszubringen, bevor er rot wurde und nichts mehr sagen konnte. Das Engegefühl in der Brust wurde dann so stark, daß er unter einem Vorwand den Raum verlassen mußte. Obwohl er theoretisch absolut in der Lage war, kompetent zu antworten, hinderte ihn seine Phobie in der Praxis daran. In einer Phase, in der er beruflich stark eingespannt war und gleichzeitig private Probleme hatte, verschlimmerte sich seine Phobie, so daß er sich schließlich entschloß, professionelle Hilfe in Anspruch zu nehmen. Er war zwei Wochen lang nicht zur Arbeit gegangen und befürchtete, seine Stelle zu verlieren, wenn es ihm nicht gelänge, sich bald von seiner Phobie zu befreien. Seine Angst konnte er bis zu seinem achten Lebensjahr zurückverfolgen, das Jahr, in dem er durch die Eignungsprüfung für das Gymnasium gefallen war. Seine Mutter stammte aus einer Arbeiterfamilie und hatte große Pläne mit ihm. Sie wollte, daß er in den örtlichen Rugby-Club ging, die »richtige« Schule besuchte und ein »Gentleman« würde.

Als er erfuhr, daß er durch die Prüfung gefallen war, war ihm klar, daß er in den Augen seiner Mutter ein Versager war. Später, als er begann, mit Mädchen auszugehen, manifestierte sich seine Phobie. Obwohl er ein bestimmtes Mädchen sehr gerne mochte, fühlte er sich nicht imstande, mit ihr zu tanzen. Eines Tages hatte er sie in einem extra für diesen Anlaß gemieteten Auto zu einer Tanzveranstaltung gefahren, aber es war ihm unmöglich gewesen, mit ihr das Lokal zu betreten. Wieder fühlte er sich als Versager, und sein Selbstbewußtsein sank ins Bodenlose. In den folgenden Jahren wurde seine Angst, sich öffentlich lächerlich zu machen, stärker, so daß er versuchte, alle Situationen zu meiden, die die Phobie auslösen könnten. Das war natürlich nicht immer möglich, und wenn er vor anderen angesprochen oder etwas gefragt wurde, geriet er stets in einen Zustand, in dem er nur die Hälfte der Frage verstand und kaum antworten konnte. Nach solchen Situationen war er jedesmal voller Selbstverachtung. Er hatte das Gefühl, anderen ständig etwas vorzumachen und vorzugeben, jemand zu sein, der er nicht war.

Um zu beweisen, daß er nicht vollkommen nutzlos war, machte er immer wieder Intelligenz- und Eignungstests für verschiedene Kurse, die er alle mit Leichtigkeit bestand, wobei er das Interesse an dem Kurs selbst immer schnell wieder verlor. Es war, als versuchte er, die Schmach für die eine Prüfung, die er mit acht Jahren nicht bestanden hatte, zu tilgen. Als er sich an diesen Tag zurückerinnerte, wurde die Verbindung zwischen seiner Phobie und diesem bestimmten Ereignis schließlich ganz klar. Er war zuversichtlich gewesen, denn er hatte das Gefühl gehabt, bei der Aufnahmeprüfung gut abgeschnitten zu haben. So saß er erwartungsvoll in der Klasse, als der Lehrer die Namen der Schüler vorlas, die die Prüfung bestanden hatten, als ihm plötzlich klar wurde, daß sein Name nicht darunter war. Der Lehrer fuhr fort und sagte, er würde nun die Namen derjenigen vorlesen, die »uns Schande gemacht haben«. Der eine war ein Klassenkamerad, den Richard verabscheute, der andere war er selbst.

Er erinnerte sich, wie er durch den Schock, den diese Ankündigung bei ihm hervorgerufen hatte, plötzlich ganz gefühllos wurde. Er schämte sich schrecklich für sein Versagen, das der Lehrer öffentlich vor allen Klassenkameraden verkündet hatte. Nachdem wir diese Erinnerung durchgearbeitet und sein Selbstbewußtsein gestärkt hatten, verschwand Richards Phobie, und er fühlte sich von nun an in den Arbeitsbesprechungen ganz entspannt. Stolz berichtete er mir, daß er mit seiner Tochter ein Restaurant besucht und das Essen und die schöne Atmosphäre genossen hatte. Er hatte sich wohlgefühlt und einen Drink an der Bar genommen, während er auf seine Tochter gewartet hatte. Er hatte zwölf Sitzungen analytischer Hypnotherapie benötigt, um dieses Ergebnis zu erreichen.

Fallbesprechung: In diesem Fall war das traumatische Kindheitserlebnis in ganz ähnlicher Form in die Zukunft transportiert worden. Obwohl der Klient sich bewußt an den Vorfall erinnerte, war dieser zum damaligen Zeitpunkt offensichtlich nicht durchgearbeitet und verarbeitet worden. Da der Schock so groß war und niemand zu Hause den Versuch gemacht hatte, ihn zu trösten oder die Sache mit ihm durchzusprechen, hatte er die ganzen Gefühle von Schuld, Scham und Bestürzung in seinem Inneren unter Verschluß gehalten. Erst als er sich unter Hypnose an den Vorfall erinnerte, kamen diese Emotionen zusammen mit einer Flut von Tränen an die Oberfläche. Diese Katharsis erlöste ihn von dem unbewußten Druck, der in all den Jahren die Ursache für seine Phobie gewesen war. Als der Druck gewichen war, verschwand auch die Phobie.

Indem man die Ursache erforscht und durcharbeitet, werden die Symptome gewöhnlich überflüssig.

Impotenz

Frank war ein junger Mann von 23 Jahren, im Beruf und bei Mädchen gleichermaßen erfolgreich. Er sah sehr gut aus und war sich dessen auch wohl bewußt, aber er wurde allmählich ungeduldig mit sich selbst, weil er sexuell versagte. Das schien der einzige Bereich in seinem Leben zu sein, in dem er ständig versagte, was ihn sehr beunruhigte. Er hatte seit kurzem eine Freundin, aber er konnte mit ihr keine sexuelle Beziehung aufbauen, weil er entweder gar keine Erektion bekam oder die Erektion zu schwach war. Die einzige Möglichkeit, eine volle Erektion zu bekommen, bestand für ihn darin, sich im Bus zu entblößen, was er seit einiger Zeit regelmäßig tat. Er sprach ziemlich offen über diese Dinge und schien sich für sein ungewöhnliches Verhalten nicht zu schämen. In der Hypnose stieg die Erinnerung an ein Ereignis in ihm auf, bei dem ein Mann ihn im Bus berührt hatte, woraufhin er eine Erektion bekommen hatte. Verwirrt hatte er damals die Hand des Mannes weggeschoben. Dieser hatte einen Moment innegehalten, aber dann versucht, es wieder zu tun. Dieser Vorfall hatte sich ereignet, als Frank 17 Jahre alt war, und danach hatte er begonnen, sich in Bussen zu entblößen. Diese Erinnerung war jedoch keine ausreichende Erklärung für seine Unfähigkeit, eine Erektion zu erreichen, wenn er sich in einer normalen sexuellen Situation mit seiner Freundin befand.

Ich führte ihn weiter zurück in die Vergangenheit, zu Erinnerungen an seine Kindheit und an seine Eltern. Er erinnerte sich an verschiedene Gelegenheiten, bei denen er mit Jungen aus seiner Klasse sexuelle Spiele getrieben hatte, aber er war sich gleichzeitig immer bewußt gewesen, daß er sich in Wirklichkeit sexuell mehr zu Mädchen als zu Jungen hingezogen fühlte. Er bevorzugte dralle Mädchen, denn sie erinnerten ihn an seine Mutter, die er sehr attraktiv fand.

Nach und nach erinnerte er sich an einige Situationen, bei denen seine Mutter mit anderen Männern zusammen gewesen war. Ganz besonders betroffen machte ihn eine Erinnerung an einen bestimmten Abend, an dem er mit seiner Mutter im Bett gelegen hatte und ein Mann, der nicht sein Vater war, ins Zimmer gekommen war. Die Mutter befahl Frank, sich umzudrehen und zu schlafen. Dann war der Mann zu ihnen ins Bett gestiegen, und er und die Mutter hatten angefangen, sich heftig zu lieben. Als er sich an diese Szene erinnerte, überkam Frank eine große Traurigkeit und seine Stimme erstarb zu einem Flüstern. Er erinnerte sich an die Bewegungen der Bettdecke und fragte sich, warum seine Mutter so etwas tat. Er dachte, daß es nicht schön von ihr war, so etwas zu tun, ganz besonders dann nicht, wenn er bei ihr im Bett lag. Er hatte immer sehr gern bei seiner Mutter geschlafen, doch es war niemals etwas zwischen ihnen vorgefallen, obwohl er oft sexuelle Phantasien in bezug auf sie gehabt hatte. Er hatte sich oft vorgestellt, mit ihr zu schlafen – und nun tat dies ein anderer Mann.

Nach dieser Sitzung war Frank sehr unglücklich und verließ niedergeschlagen meine Praxis. Die Erinnerung an diese lang zurückliegenden Ereignisse hatte die gleichen Gefühle bei ihm ausgelöst wie damals. Er hatte mir erzählt, daß er an diesem Wochenende mit seiner Freundin verabredet sei und sich im Hinblick auf seine sexuellen Fähigkeiten nicht sehr zuversichtlich fühlte.

Zur nächsten Sitzung erschien er jedoch sehr verändert: Er hatte viermal mit seiner Freundin geschlafen und keinerlei Probleme gehabt.

Die Aufarbeitung des aufwühlenden Erlebnisses mit seiner Mutter und deren Liebhaber hatte die Blockade aufgelöst, die es ihm bisher unmöglich gemacht hatte, erfolgreiche sexuelle Beziehungen zu haben.

Frank benötigte noch weitere fünf Sitzungen, um mit seiner Vergangenheit fertigzuwerden und seine Impotenz völlig zu überwinden.

Fallbesprechung: Sexuelle Probleme sind oft auf sexuell gefärbte Kindheitserlebnisse zurückzuführen. Impotenz oder Frigidität kommt häufig bei Menschen vor, die als Kinder oder Jugendliche Opfer sexueller Nötigung waren oder sexuelle Handlungen anderer miterlebt haben. Kinder sind oft verunsichert, wenn sie sich ihrer eigenen Sexualität bewußt werden, und sehr häufig sind der Drang zu masturbieren oder sexuelle Phantasien von Schuldgefühlen begleitet, ganz besonders, wenn diese Phantasien die eigene Mutter betreffen.

Genau wie Steven (siehe unten) war Frank wütend auf seine Mutter, weil sie ihn und seinen Vater mit einem anderen Mann betrog, aber er konnte diese Wut niemals zulassen, weil er sich selbst wegen seiner sexuellen Phantasien über die Mutter schuldig fühlte. Obwohl er all diese widerstreitenden Gefühle unterdrückt und in sein Unbewußtes verbannt hatte, wirkten sie sich dennoch auf sein emotionales Gleichgewicht aus, und da die Sexualität ganz von unserer emotionalen Balance abhängt, konnte Frank seine sexuelle Unfähigkeit überwinden, als die emotionale Blockade aus der Vergangenheit aufgelöst war. Eine solche Blockade ist sehr häufig nicht auf ein einzelnes Ereignis zurückzuführen, sondern auf eine Reihe negativer Erlebnisse, die die damals vorherrschende (negative) Atmosphäre widerspiegeln.

174

Depression

Steven kam ursprünglich in meine Praxis, um sich das Rauchen abzugewöhnen. Er rauchte 80 Zigaretten pro Tag und fing an, sich über diese Angewohnheit, die er nicht unter Kontrolle hatte, geschweige denn aufgeben konnte, Sorgen zu machen. Er beschrieb sich selbst als schwer depressiv und hatte keinerlei Selbstvertrauen und Selbstachtung. Obwohl er außergewöhnlich attraktiv war, haßte er sein Aussehen und, am allermeisten, sich selbst. Es war offensichtlich, daß sein exzessives Rauchen ein viel ernsteres, tieferliegendes Problem verschleierte, und so einigten wir uns darauf, daß ich ihm keine Ratschläge bezüglich des Rauchens geben würde, sondern, daß er eine analytische Behandlung beginnen würde, um die Vergangenheit aufzuarbeiten.

Er erinnerte sich an große Einsamkeit, Demütigungen und wiederholte Zurückweisung. Seine Mutter war ihm gegenüber sehr kalt und schien die Aufgabe, für ein Kind sorgen zu müssen, als Last zu empfinden. Sie gab ihm stets das Gefühl, schmutzig und im Weg zu sein, verfluchte und kritisierte ihn ständig und nannte ihn einen Dummkopf. Nichts, was er tat, konnte sie zufriedenstellen. Er fühlte sich als ein Niemand. Sein Vater war zwar etwas freundlicher, aber er war ein schwacher Mann. Er konnte seiner dominierenden Frau, die ihn häufig mit anderen Männdern betrog, nicht die Stirn bieten. Steven erinnerte sich, daß seine Mutter ihn im Alter von vier Jahren zu einem ihrer Rendezvous mitgenommen hatte. Er saß in einem Auto auf ihrem Schoß, während sie mit einem ihm fremden Mann sprach, der seiner Mutter sehr nahezustehen schien. Er erinnerte sich auch an sein Gefühl, von ihr betrogen zu werden, da sie etwas tat, das gegen ihn und seinen Vater gerichtet war. Da seine Eltern viel auf Reisen waren, kam er in ein Internat, wo er von den anderen Jungen gnadenlos gepiesakt und geschlagen wurde. Obwohl es zu Hause schon schrecklich genug war, war es in der Schule noch schlimmer. Jedesmal, wenn er wieder dorthin zurückgebracht werden sollte, fing er an zu toben und zu schreien und wurde völlig hysterisch. Seine Mutter, die niemals fragte, *weshalb* er nicht zurück ins Internat wollte, bestrafte ihn sehr hart; sie ging einfach davon aus, daß er schwierig sei und einen Aufstand um nichts machte. Man drohte ihm weitere Bestrafung an, falls er sich nicht fügte, und schleifte ihn zurück in die Schule.

Um Demütigungen und Kritik zu entgehen, zog sich das Kind immer mehr in sich selbst zurück und wurde zum Einzelgänger. Steven war am glücklichsten, wenn er ganz für sich allein sein konnte, und er mied menschliche Gesellschaft, wo immer es möglich war. Aber selbst das wurde bestraft. Eines Abends nahmen die Eltern ihn mit zu einer Gesellschaft, bei der keine anderen Kinder anwesend waren. Da man ihn sich selbst überließ, stahl er sich zu einem nahegelegenen leerstehenden Gebäude davon, um zu spielen. Als seine Eltern ihn dort fanden, zerrten sie ihn zurück und sperrten ihn zur Bestrafung in den Kofferraum ihres Autos. Zu diesem Zeitpunkt hatte sich ihm die Überzeugung, nicht liebenswert, dumm und nutzlos zu sein, schon fest eingeprägt.

Während der Sitzungen kam all seine Verzweiflung und Traurigkeit an die Oberfläche, doch gleichzeitig brach sich seine Wut bahn – Wut und Verachtung für den Vater, der, obwohl weniger hart als die Mutter, ihm doch nie geholfen oder ihn verteidigt hatte, dem der eigene Sohn so gleichgültig gewesen war, daß er sich nie Zeit für ihn genommen hatte, und der nicht den Mumm gehabt hatte, etwas gegen die offensichtliche Untreue der Mutter zu unternehmen. Noch größere Wut verspürte er allerdings auf die Mutter, die ihn so grausam behandelt hatte. Nachdem sein Zorn an die Oberfläche gekommen war, begann die Depression zu weichen, und Steven begann, die Welt mit neuen Augen zu sehen. Was die Mutter als seine Dummheit bezeichnet hatte, erkannte er als Desinteresse, und er stellte fest, daß er mit akademischen Themen, die ihn anzogen, keinerlei Schwierigkeiten hatte. Er realisierte auch, daß seine Wut über die ihm zugedachte Behandlung berechtigt war, und wenn das, was seine Mutter ihm angetan hatte, nicht richtig war, dann konnte auch das, was sie über ihn gesagt hatte, falsch sein. Sie hatte ihn falsch beurteilt, und folglich war auch sein eigenes Urteil über sich selbst verzerrt. Diese Einsicht bedeutete große Erleichterung für ihn. Nach einigen weiteren Sitzungen war die Depression vollkommen verschwunden, und mein Klient hatte das Gefühl, daß nun »die reale Person« hinter der Maske hervorkommen konnte. In der vorletzten Sitzung hatte er seinen Zigarettenkonsum auf zwanzig Stück pro Tag reduziert, und mit der letzten Sitzung hörte er ganz auf zu rauchen.

Er hat inzwischen neue Freunde gefunden und begonnen, sein Leben neu zu gestalten, unter anderem zum Beispiel dadurch, daß er seine Arbeitsstelle verließ, an der er sich nie wohlgefühlt hatte. Er beginnt zur Zeit mit einem Kunststudium.

Fallbesprechung: Dieser Fall war insofern ungewöhnlich, als der Klient nur neun Sitzungen brauchte, um mit seiner Vergangenheit abzuschließen und seine selbstmörderische Verzweiflung in neue Hoffnung und in ein Gefühl, sein Leben wieder unter Kontrolle zu haben, umzuwandeln. Es ist ermutigend zu sehen, wie Jahre des Leidens und ihre zerstörerische Wirkung aufgearbeitet und aufgelöst werden können, so daß ein Mensch sein wahres Potential entfalten kann.

Das heißt nicht, daß Steven nun all seine Schwierigkeiten hinter sich gelassen hat, es bedeutet einfach, daß er jetzt so frei ist, seine eigene Wahl treffen zu können. Obwohl die offizielle Behandlung nun abgeschlossen ist, geht der Prozeß der Erkenntnis und Selbstentdeckung weiter; doch nun ist Steven in der Lage, mit sich selbst ins reine zu kommen. Die Analyse öffnet die Tür, damit etwas Licht in einen zuvor völlig dunklen Raum fallen kann, und wenn das erst einmal erreicht ist, ist der Klient in der Lage, die Tür allein aufzustoßen.

Prämenstruelles Syndrom (PMS)

Eine junge Frau in den Dreißigern, ich will sie hier Laura nennen, konsultierte mich wegen einer ganzen Reihe gesundheitlicher Probleme, die sie nun schon seit Jahren plagten. Am schlimmsten waren die starken Stimmungsschwankungen, die stets etwa zwei Wochen vor ihrer Periode auftraten. Sie schwankte dann zwischen Weinerlichkeit, Reizbarkeit, Überaktivität und Apathie. Auch litt sie an Schlafstörungen und konnte trotz einer chronischen Bronchitis nicht aufhören zu rauchen.

Die Ärzte fanden keine organischen Ursachen für ihre Beschwerden, daher mußte man von psychosomatischen Zusammenhängen ausgehen. Laura war die jüngere von zwei Schwestern. Obwohl sie ihren Vater sehr verehrte, war ihre Schwester Jane Papas Liebling. Jane wurde mit größerer Nachsicht behandelt und hatte etliche Privilegien. Auch die Mutter schien die ältere Tochter vorzuziehen. Wann immer irgend etwas schiefging, wurde Laura die Schuld gegeben. Sie wurde in eine sehr strenge Ordensschule geschickt, in der die Mädchen für die kleinsten Vergehen streng bestraft wurden. Einmal hatte Laura mit ihrer Banknachbarin gesprochen, weil sie nicht verstanden hatte, was die Lehrerin gesagt hatte, und sie wurde bestraft, ohne überhaupt gefragt worden zu sein, warum sie gesprochen hatte. Laura erinnerte sich an eine Nonne, die besonders bösartig gewesen war. Es schien ihr Genuß zu bereiten, die Kinder zu bestrafen, und sie tat es beim geringsten Anlaß. Wenn die Mutter erfuhr, daß Laura in der Schule bestraft worden war, tadelte oder schlug sie das Kind oft noch einmal, wenn es nach Hause kam, ohne ihm die Möglichkeit zu geben, zu erklären, was vorgefallen war. Das schlimmste für Laura war jedoch, daß die Mutter jedesmal dem Vater von ihren vermeintlichen Untaten berichtete. Der Vater reagierte dann stets sehr enttäuscht und zornig. Es schien, als könne Laura es niemandem recht machen, so sehr sie sich auch bemühte. Ganz gleich, was sie tat, es war nie gut genug, und jede kleine Ungezogenheit, jeder Fehler, wurde sofort als Bestätigung dafür angeführt, daß Laura einfach »ein schlechtes Kind« war.

Auch von ihrer älteren Schwester wurde sie gnadenlos herumgestoßen. Jane kanzelte sie vor Freunden ab und jagte ihr Angst ein, wann immer sie konnte. Sie machte sich lustig darüber, daß Laura manchmal das Bett näßte und ging so weit, Laura zu beschämen, indem sie Besuchern die nasse Matratze zeigte. Da die Eltern stets Janes Partei ergriffen, hatte Laura niemanden, an den sie sich wenden konnte, und es schien, als hätten sich alle gegen sie verschworen und wollten ihr zeigen, daß sie ein unerwünschter Außenseiter war. Als der Vater starb, zog die Familie ins Haus der Großmutter mütterlicherseits, mußte aber nach einiger Zeit wegen einer schlimmen Auseinandersetzung wieder ausziehen. Die Mutter mietete daraufhin eine Wohnung in einer großen Stadt und vermietete Zimmer an Logiergäste. Da das Geld dringend gebraucht wurde und nicht genügend Zimmer für die Gäste und die Mädchen vorhanden waren, mußte Laura das Zimmer mit einem 22jährigen Logiergast namens Robert teilen. Zu diesem Zeitpunkt war sie vierzehn Jahre alt. Nach langem Drängen gelang es Robert, sie zu überreden, mit ihm zu schlafen, obwohl sie das Gefühl hatte, daß sie es eigentlich nicht tun sollte. Da sie jedoch gezwungen war, das Zimmer mit ihm zu teilen, konnte sie seinen hartnäckigen Avancen nicht entfliehen und gab schließlich nach. Die Beziehung dauerte die folgenden drei Jahre an. Ihre Mutter hatte inzwischen eine Beziehung mit Simon, einem anderen jungen Pensionsgast, begonnen. Er schlief nachts im Zimmer der Mutter. Eines Tages beschloß die Mutter, das Arrangement zu verändern. Sie sagte plötzlich zu Laura, es schicke sich nicht, daß diese in ihrem Alter ein Zimmer mit einem Mann teile, und befahl ihr, von nun an mit in ihrem Zimmer zu schlafen. Laura gefiel diese Vorstellung überhaupt nicht, denn sie wußte ja, daß der junge Freund der Mutter ebenfalls in diesem Zimmer schlafen würde. Laura durfte das Schlafzimmer nicht betreten, bevor alle anderen im Bett waren. Wenn sie dann im Zimmer der Mutter im Bett lag, versuchte sie, so schnell wie möglich einzuschlafen, aber oft war sie gezwungen, das Liebesspiel der beiden mit anzuhören. Wenn sie müde wurde, bevor die anderen zu Bett gegangen waren, mußte sie sich ihr Bett im Wohnzimmer machen, das ebenfalls an einen männlichen Logiergast vermietet war. Oft war es ihr unmöglich, dort einzuschlafen, weil der Gast vor dem Fernseher saß und sich weigerte, das Gerät leiser zu stellen. Wenn sich Laura dann bei ihrer Mutter beschwerte, daß sie nicht schlafen könne, wimmelte diese sie ab und sagte, sie solle kein Aufhebens machen, der Gast würde sicher auch bald schlafen gehen. Am Weihnachtsabend ertappte Laura die Mutter, wie sie Robert, Lauras Liebhaber, küßte. Als Laura daraufhin die Mutter anschrie, behauptete diese, Laura sei lediglich eifersüchtig und würde sich alles nur einbilden – und außerdem sei es nur ein »Weihnachtskuß« gewesen. Laura fragte, weshalb die Mutter Robert denn nicht vor ihren Augen geküßt habe, wenn doch alles so harmlos sei, worauf die Mutter erwiderte, das hätte sie wegen Lauras krankhafter Eifersucht nicht tun wollen. Es schien, als würde Laura immer verlieren. Wann immer sie etwas erreicht oder eine Beziehung aufgebaut hatte, kam ihre Mutter oder ihre Schwester dazwischen und verdarb ihr alles. Laura bekam das Gefühl, daß alles, was sie tat, falsch war, und daß sie, was immer ihr gehörte, schließlich verlieren würde.

Laura versuchte zweimal, sich das Leben zu nehmen. Nach dem zweiten Selbstmordversuch wurde sie an einen Psychiater überwiesen, der ihr helfen sollte, die Hintergründe für ihre Depression aufzudecken. Statt dessen berührte er sie unsittlich, unter dem Vorwand, er müsse untersuchen, ob sie sexuell mißbraucht worden sei. Nach diesem Vorfall war Laura völlig verzweifelt, wagte aber nicht, mit ihrer Mutter oder irgend jemand anderem darüber zu reden, denn sie befürchtete, man würde alles als ihre Einbildung abtun.

Fallbesprechung: Unter Hypnose wurde Laura von all diesen Erinnerungen überflutet, die von Gefühlen der Wut, Verzweiflung, Scham und Trauer begleitet waren. Manche Ereignisse, beispielsweise den Vorfall mit dem Psychiater, hatte sie so völlig verdrängt, daß sie ganz überrascht war, als er in der Hypnose aus dem Unbewußten auftauchte.

Nachdem die verdrängten Inhalte nach und nach an die Oberfläche gekommen waren, normalisierte sich Lauras Schlafmuster, und sie spürte, wie sie allmählich positiver und emotional stabiler wurde. Ihr PMS war verschwunden. Das Erinnern und Verarbeiten der traumatischen Ereignisse ihrer Kindheit und Jugendzeit half ihr, ihre Selbstachtung wieder aufzubauen. Sie konnte aufhören, sich selbst die Schuld an all dem Elend zu geben, das sie erfahren hatte. Gleichzeitig begann sie, ihren Zigarettenkonsum einzuschränken. Die Analyse war nach sechs Sitzungen abgeschlossen. Obwohl die Begleitumstände in vielen Fällen nicht so traumatisch sind, wie die hier beschriebenen, habe ich in meiner Praxis oft eindeutige psychische Ursachen für PMS festgestellt.

Zum Abschluß möchte ich noch anhand zweier weiterer Beispiele aufzeigen, wie das persönliche Wachstum durch ein Ereignis aus der Vergangenheit blockiert werden kann. In diesen beiden Fällen lagen die auslösenden Ereignisse allerdings nicht in der Kindheit, sondern in einem späteren Lebensabschnitt.

Übergewicht

Eine Dame in den Vierzigern suchte mich wegen ihres gravierenden Gewichtsproblems auf. Christine war bereits zum zweitenmal verheiratet, hatte vier Kinder und konnte nicht aufhören, exzessiv zu essen, seit sie ihren zweiten Mann geheiratet hatte. Sie hatte beträchtliches Übergewicht und war der Verzweiflung nahe. Im Laufe der Jahre hatte sie alle möglichen Diäten mit unterschiedlichen Ergebnissen ausprobiert, und obwohl es ihr gelang, einige der Schlankheitskuren durchzuhalten, hatte sie einige Zeit später stets wieder ihr Ausgangsgewicht. Als sie in meine Praxis kam, war sie nahe daran aufzugeben, aber eine ihrer Freundinnen, die durch meine Behandlung ihre überflüssigen Pfunde verloren hatte, empfahl ihr, es noch einmal mit Hypnotherapie zu versuchen. Christine hatte mit achtzehn zum erstenmal geheiratet, weil sie schwanger geworden war, und die Ehe lief in den ersten Jahren gut, bis ihr Mann immer distanzierter wurde und immer öfter von zu Hause wegblieb. Wenn er dann nach Hause kam, war er schweigsam und hielt es nicht einmal für nötig zu erklären, wo er gewesen war. Christine fand schließlich heraus, daß er mit einer Frau, die er an seiner Arbeitsstelle getroffen hatte, eine Affaire begonnen hatte. Die Frau war geschieden und zehn Jahre älter als er. Es folgten Jahre voller Tränen und Auseinandersetzungen, denn er weigerte sich, die Affaire zu beenden, und schließlich teilte er Christine mit, daß er jegliches Interesse an ihr verloren habe und sie verlassen würde, um mit seiner Geliebten zu leben.

Christine war niedergeschmettert. Er zog aus der gemeinsamen Wohnung aus und ließ sie mit zwei Kindern zurück. Daß sie mit einem dritten Kind schwanger war, stellte sie zwei Wochen nach seinem Auszug fest. Sie rief ihn an seiner Arbeitsstelle an, um es ihm zu sagen, und hoffte, daß ihn diese Nachricht bewegen würde, nach Hause zurückzukehren. Doch statt dessen machte er ihr klar, daß er weder die Absicht hatte, nach Hause zurückzukehren, noch für ein weiteres Kind zu zahlen, von dem er ohnehin annahm, daß es nicht seines sei. In dieser Situation schien der jungen Frau ein Schwangerschaftsabbruch der einzige Ausweg zu sein.

Sie lieh sich das Geld und meldete sich in einer Klinik an, obwohl sie absolut gegen Abtreibung war. In der Klinik hörte sie mit Entsetzen jungen Mädchen zu, die beiläufig erwähnten, daß dies ihre zweite oder dritte Abtreibung sei, und sie hatte das Gefühl, einen furchtbaren Fehler zu machen, indem sie ihr Kind tötete, doch in ihrer verzweifelten Situation blieb ihr keine andere Wahl.

All dies kam zehn Jahre später unter Hypnose an die Oberfläche, begleitet von Gefühlen der Schuld und Scham und äußerstem Selbsthaß für das, was sie getan hatte. Sie hatte mit niemandem über den Schwangerschaftsabbruch sprechen können, schon gar nicht mit ihrer Familie, die streng katholisch war.

Kurz nach der Abtreibung traf sie ihren zweiten Ehemann. Zu dieser Zeit reichte sie die Scheidungsklage gegen ihren ersten Mann ein, und das Verfahren erwies sich als zäh und unerfreulich. Sie begann, exzessiv zu essen und entschuldigte dies vor sich selbst mit der angespannten finanziellen Situation, in die sie geraten war, weil ihr erster Mann sich weigerte, für sie und die Kinder Unterhalt zu zahlen.

Nachdem die unterdrückten Gefühle über den Schwangerschaftsabbruch aus ihr herausgebrochen waren, änderten sich ihre Eßgewohnheiten jedoch radikal. Sie berichtete, daß sie sich nun viel besser fühlte und nicht mehr essen mußte, um sich selbst zu trösten. Auch ihr Selbstvertrauen war wieder gewachsen, und sie ließ nicht mehr zu, daß andere sie herumstießen. Lange Zeit hatte sie sich alles gefallen lassen, weil sie sich selbst haßte. Als sie ihre Analyse beendete, hatte sie schon einiges Gewicht verloren, und das letzte, was ich von ihr hörte, war, daß sie ihr angestrebtes Gewicht fast erreicht hatte.

Fallbesprechung: In diesem Fall können wir sehen, wie gravierend sich unerlöste Schuldgefühle auf unser Verhalten auswirken können. Schuldgefühle und Gewissensbisse führen zu einem inneren Konflikt, und der Betreffende beginnt, sich selbst zu bestrafen, als wolle er sagen »ich habe Unrecht getan. Ich bin es nicht wert, daß man mich anschaut, also kann ich mich auch vollstopfen«. Bei dieser Klientin hatten die Schuldgefühle außerdem zu einem Gefühl der Minderwertigkeit geführt, und weil sie sich wie ein »underdog« benahm, war sie unfähig, von anderen Respekt zu verlangen.

Nachdem sie die Analyse beendet hatte, hatte sie zwar immer noch das Gefühl, daß es Unrecht sei, eine Schwangerschaft abzubrechen, aber sie konnte jetzt sehen, daß der Druck, unter dem sie zu jenem Zeitpunkt gestanden hatte, es ihr unmöglich gemacht hatte, eine andere Lösung zu finden; mit anderen Worten, sie lernte, sich selbst zu vergeben, und das machte den Weg frei für neue Verhaltensweisen und veränderte ihre Einstellung sich selbst gegenüber.

Ich habe zahllose Fälle erlebt, in denen Frauen behaupteten, daß der Schwangerschaftsabbruch, den sie vor Jahren gehabt hatten, sie nicht beeinträchtigt habe. Dieselben Frauen weinten sich in der Analyse die Augen aus, als diese Erinnerungen an die Oberfläche kamen, und die meisten von ihnen waren darüber sehr überrascht. Auf der bewußten Ebene können wir unsere Zweifel, Ängste und Schuldgefühle wegrationalisieren, aber im Unbewußten bleiben diese Gefühle präsent und blockieren unsere Weiterentwicklung so lange, bis wir uns mit ihnen auseinandersetzen und sie verarbeiten.

Streß

Adam arbeitete bei einer Zeitung. Er hatte einen sehr anstrengenden Job, bei dem er ständig Termine einhalten und in einer hektischen Umgebung Höchstleistungen erbringen mußte. Selbstverständlich lief ab und zu etwas schief, und irgend jemand machte einen Fehler, was unglücklicherweise stets in einer Hexenjagd endete, um den »Sündenbock« zu finden. Adam hatte schon einige Jahre unter Angstzuständen gelitten, als er mich aufsuchte. Obwohl er wußte, daß er sehr gute Arbeit leistete, litt er sehr unter den intriganten Machenschaften an seinem Arbeitsplatz und befürchtete stets, nicht in Bestform zu sein und schließlich einmal zum Ziel einer »Sündenbock-Kampagne« zu werden. Außerdem ärgerte es ihn, daß er stets die Arbeit seiner Chefin aufgebürdet bekam, wenn diese einmal frei hatte oder in den Ferien war. Sein eigenes Arbeitspensum war umfangreich genug, und jede zusätzliche Arbeit führte zu einer Überlastung, die Irrtümer und Fehler wahrscheinlicher machte. Doch er fühlte sich unfähig, seine Unzufriedenheit auszudrücken, denn er verabscheute Auseinandersetzungen. Adam hatte vom Arzt Tranquilizer gegen seine Angstzustände verschrieben bekommen, die er allerdings nur nahm, wenn seine Angst übermächtig wurde.

Adam war ein sensibles Kind gewesen; er war gut in der Schule vorangekommen und hatte viele Freunde. Die Universität hatte er allerdings wegen finanzieller Probleme seiner Eltern nicht besuchen können. Er begegnete seiner Frau, als er achtzehn Jahre alt war, und heiratete früh. Das Paar bekam später einen Sohn. Die Ehe war gut, und Adam genoß es, mit seiner Familie zusammen zu sein. Als er unter Hypnose seine Vergangenheit noch einmal durchlebte, erinnerte er sich an verschiedene Vorfälle in seiner Kindheit und Jugendzeit, die seine Furcht vor Auseinandersetzungen erklärten. Sein Vater hatte an Diabetes gelitten, sich aber geweigert, Insulin zu nehmen oder eine Diät einzuhalten, und hatte als Folge davon die Familie mit seinen starken Stimmungsschwankungen belastet. Adam erinnerte sich an viele Streitigkeiten zwischen seinen Eltern, die oft während der Mahlzeiten stattfanden. Seine Mutter schien bei diesen Auseinandersetzungen immer gegen den Vater zu verlieren, der dazu neigte, verbal aggressiv zu werden. Manchmal eskalierten die Auseinandersetzungen so sehr, daß Adam das Zimmer verlassen mußte, weil er völlig aufgewühlt war.

Der Vater war eigentlich ein Einzelgänger, der die anderen auf Distanz hielt und doch als Oberhaupt der Familie betrachtet werden wollte. Er hatte seine festgefügten Ansichten über die Dinge und war nicht bereit, von ihnen abzuweichen. Stets wies er darauf hin, daß er wußte, was für seine Frau und für seine Kinder am besten war. Als Adam begann, seine eigene politische Meinung zu formen und sie in Schulaufsätzen auch auszudrükken, wurde sein Vater sehr ärgerlich auf ihn und begann, ihn wegen seiner anderen Meinung verbal anzugreifen. Da das

Brüllen des Vaters Adam einschüchterte, endeten diese Auseinandersetzungen stets damit, daß Adam klein beigab.

Trotz ihrer Differenzen mochte Adam seinen Vater gern, und so war es für ihn ein Schock, als der Vater zwei Monate vor Adams Hochzeit plötzlich starb. Eines Tages war der Vater überraschend ins Krankenhaus eingeliefert worden, und Adam hatte, als er von der Arbeit nach Hause kam, einen Anruf vom Krankenhaus erhalten, er möge sofort hinkommen, da der Zustand seines Vaters kritisch sei. Er und seine Mutter eilten ins Krankenhaus, aber der Vater war bereits gestorben, als sie dort eintrafen.

Adam war wütend auf seinen Vater. Warum hatte er das Insulin nicht genommen? War er so unglücklich gewesen, daß er sterben wollte? Adam spürte, daß es egoistisch von seinem Vater gewesen war, die Behandlung zurückzuweisen und dadurch seine Gesundheit mutwillig noch schneller zu zerstören. Auf diese Weise hatte er die Zeit verkürzt, die er mit Adam hätte verbringen können. Da die Mutter verzweifelt war, mußte Adam alle Beerdigungsformalitäten erledigen. Alles war so schnell gegangen, daß keine Zeit zum Trauern blieb, denn sobald die Beerdigung vorüber war, mußte Adam schon die Vorbereitungen für seine Hochzeit treffen, die bereits einige Wochen darauf stattfinden sollte. Der Kontrast war bizarr: An seinem Hochzeitstag sollte er glücklich und fröhlich sein, und er selbst hätte den Tag auch gern genossen, aber der Tod seines Vaters lastete noch so schwer auf ihm; er fühlte sich zwischen zwei Extremen hin- und hergerissen.

Unter Hypnose konnte Adam die Trauer über den Tod seines Vaters, die er damals nicht hatte erfahren können, endlich zulassen. Die Sorge um seine verzweifelte Mutter, die ganzen Beerdigungsformalitäten und auch seine Wut auf den Vater, die Schuldgefühle in ihm auslöste, hatte ihn daran gehindert zu trauern. Seine eigene Hochzeit kurz darauf hatte die Trauerperiode abrupt abgeschnitten. Das Durchleben dieser Ereignisse, die sich in seinem zwanzigsten Lebensjahr zugetragen hatten, brachte all die Gefühle zurück, die damals zwar präsent gewesen, aber unausgedrückt geblieben waren. Es war für Adam eine große Erleichterung, diese Gefühle zuzulassen, und er spürte, daß etwas Wesentliches endlich einen guten Abschluß gefunden hatte. Nach einiger Zeit war es ihm möglich, seine Einstellung in bezug auf Auseinandersetzungen zu ändern, und es gelang ihm schließlich, seine eigenen Wünsche an seinem Arbeitsplatz zum Ausruck zu bringen, ohne sich schuldig oder ängstlich zu fühlen.

Fallbesprechung: Dies ist ein weiteres Beispiel dafür, wie ein Ereignis, das zu einem späteren Zeitpunkt im Leben eintritt, die Fähigkeit eines Menschen, sich im Leben weiterzuentwickeln, tiefgreifend beeinflussen kann.

Adam hatte eine starke Furcht vor Auseinandersetzungen entwickelt, weil er sich als Kind in Auseinandersetzungen stets hilflos und ängstlich gefühlt hatte. Die aggressive Art seines Vaters zu argumentieren hatte ihn erschreckt, und Adam begann, alle Themen zu vermeiden, die Uneinigkeiten hervorrufen könnten, um sich so vor seiner Angst zu schützen.

Diese Vermeidungsstrategie funktionierte bis zu einem gewissen Punkt, aber sie hatte auch ihre Nachteile. Obwohl Adam seine Unzufriedenheit nie ausdrückte, spürte er dennoch seine Wut und seinen Ärger, sowohl an seiner Arbeitsstelle als auch bei verschiedenen Begegnungen mit seinem Vater. Da er ein schüchterner, ängstlicher Typ war, versuchte er zu vermeiden, in anderen unangenehme Gefühle auszulösen, und so unterdrückte er alle negativen Gefühle. Das führte jedoch nur dazu, daß er Ängste entwickelte, die sein Leben völlig zu kontrollieren drohten.

Unausgedrückte Gefühle führten zu emotionalem Streß, und der Tod seines Vaters, der von all diesen unwillkommenen und scheinbar unangemessenen Gefühlen begleitet war, spiegelte das Ausmaß der Unterdrückung wider, die gelöst werden mußte, um neuen Einstellungen und neuen Verhaltensweisen Platz zu machen.

__16__

SCHLUSSWORT

Es gibt viele Wege, auf denen man Glück und Erfüllung im Leben finden kann – so viele, wie es Menschen gibt.

Dieses Buch möchte Ihnen einen Einblick in die Hintergründe und Ursachen geben, die Ihr persönliches Wachstum blockieren und Sie daran hindern können, Ihr volles Potential zu entfalten. Ich habe versucht, Ihnen Anregungen und praktischen Rat zu geben, wie man seine persönlichen Ziele wählen und verfolgen und im persönlichen Wachstum voranschreiten kann. Einen Schritt kann dieses Buch jedoch nicht für Sie machen: hinaus in die Welt gehen und es tun! Das Buch kann Ihnen den Weg zeigen, aber Sie müssen ihn selbst beschreiten. Der einzige Mensch, der wirklich weiß, was Sie brauchen, sind *Sie*; der einzige Mensch, der weiß, was für Sie am besten ist, sind *Sie*; und das bedeutet, daß *Sie* auch derjenige sind, der die Verantwortung dafür trägt, daß Sie zu dem werden, was Sie sein können. Beginnen Sie JETZT, daran zu arbeiten – es lohnt sich!